本书得到科技部国家重点研发计划
"船员不安全行为与状态的监测预警技术研究"
(2019YFB1600602)的支持

# 面向船员不安全行为的
# 海上事故风险交互及预测研究

兰 赫 马晓雪 著

人民交通出版社
北京

## 内 容 提 要

船员不安全行为的发生被认为是一系列复杂、动态的影响因素交互作用的结果。来自组织、技术、环境、个体特质等方面的因素耦合叠加于船员个体，使得船员不安全行为的产生呈现不确定性、突发性和随机性。为了最大限度地减少船员不安全行为导致的海上事故，本书从船员不安全行为及其影响因素认知、复杂网络视角下船员不安全行为及其影响因素的交互研究、船员不安全行为风险交互下的海上事故预测三个方面展开研究，将不安全行为研究由主观经验转向数据驱动，拓宽了海上事故中船员不安全行为研究的思路与途径，为海上安全管理实践提供有益启示。

### 图书在版编目(CIP)数据

面向船员不安全行为的海上事故风险交互及预测研究/兰赫，马晓雪著. —— 北京：人民交通出版社股份有限公司，2024.12

ISBN 978-7-114-19479-5

Ⅰ. ①面… Ⅱ. ①兰…②马… Ⅲ. ①海上事故—风险管理—研究②海上事故—事故预防—研究 Ⅳ. ①U676.8

中国国家版本馆 CIP 数据核字(2024)第 069567 号

Mianxiang Chuanyuan Bu Anquan Xingwei de Haishang Shigu Fengxian Jiaohu ji Yuce Yanjiu

| | |
|---|---|
| 书　　名 | 面向船员不安全行为的海上事故风险交互及预测研究 |
| 著 作 者 | 兰　赫　马晓雪 |
| 责任编辑 | 朱明周 |
| 责任校对 | 赵媛媛　魏佳宁 |
| 责任印制 | 刘高彤 |
| 出版发行 | 人民交通出版社 |
| 地　　址 | (100011)北京市朝阳区安定门外外馆斜街 3 号 |
| 网　　址 | http://www.ccpcl.com.cn |
| 销售电话 | (010)85285857 |
| 总 经 销 | 人民交通出版社发行部 |
| 经　　销 | 各地新华书店 |
| 印　　刷 | 北京交通印务有限公司 |
| 开　　本 | 787×1092　1/16 |
| 印　　张 | 11.75 |
| 字　　数 | 190 千 |
| 版　　次 | 2024 年 12 月　第 1 版 |
| 印　　次 | 2024 年 12 月　第 1 次印刷 |
| 书　　号 | ISBN 978-7-114-19479-5 |
| 定　　价 | 70.00 元 |

(有印刷、装订质量问题的图书，由本社负责调换)

# 序　言

　　航运是全球经济的生命线,在推动世界经贸发展和稳定全球供应链方面发挥着重要作用。随着一系列海洋发展新战略的相继提出,航运业步入快速发展的新阶段,海洋经济得到高速发展,海上运输需求大幅增加。然而,由于海上运输活动往往伴随着众多危险、复杂、不确定性因素,使得海上交通事故时有发生,进而对生命财产安全造成重大损失。因此,保障海上运输安全,降低海上事故发生率,对全球经济发展和稳定起着重要作用,是海上交通安全管理的重要任务。

　　海上交通事故是"人-船-管理-环境"多因素耦合作用的结果。安全管理的目的就是阻止船员的不安全行为,避免船舶的不安全状态,减少组织中的不安全管理,以及控制环境中的不安全因素。技术手段的发展极大提高了船舶机器设备的安全性和可靠性,各种监测预警手段的进步有效控制了环境中不安全因素的负面影响。然而,来自组织、技术、环境、个体特质等方面的因素耦合叠加于船员个体,使得船员不安全行为的产生呈现不确定性、突发性和随机性。为了最大限度地减少由于船员不安全行为所导致的海上事故的发生,明确船员不安全行为的影响因素,探究多因素间的复杂风险交互规律,始终是安全管理中的难点,也是海上交通安全研究的重要发展趋势。

　　本书作者面向海上事故涉及的船员不安全行为,考虑海上安全的实际问题,从船员不安全行为及其影响因素认知、复杂网络视角下船员不安全行为及其影响因素的交互研究、船员不安全行为风险交互下的海上事故预测三个方面展开研究。通过对船员不安全行为及其影响因素的系统辨识,构建了船员不安全行为及其影响因素数据集,发现了船员不安全行为及其影响因素之间存在的复杂交互关系。为此,构建了船员不安全行为复杂风险交互网络,探究船员不安全行为的风险演化规律和特性,识别不安全行为管控的关键节点,厘清船员不安全行为的风险传播路径。进而,构建了可解释的海上事故类型及其严重性预测模型,明确了预测结果与船员不安全行为及其影响因素的映射关联,为主动预防海上事故提供有益参考。

本书对深刻认识在航船员不安全行为管理中存在的问题以及改进方向具有较高的借鉴和参考价值。

**大连海事大学航运经济与管理学院　教授**
**2024 年 9 月**

# 前　言

随着加快建设海洋强国、"一带一路"倡议、建立"海洋命运共同体"等的提出,海洋经济得到高速发展,海上运输需求显著增加。然而,日益增多的海上运输活动不可避免地带来海上事故的发生,随之造成严重的经济损失和人员伤亡,甚至导致海洋污染等环境问题。根据事故致因理论,事故的发生是物的不安全状态与人的不安全行为在环境条件、管理缺陷等影响因素的交互作用下持续演化的结果。大量研究致力于分析工业事故的原因,并指出人的不安全行为是导致事故发生的主要及直接原因。国际航运界从20世纪70年代开始认识到不安全行为的重要性,约80%的海上事故被归因于船员的不安全行为。

21世纪的"海上丝绸之路"要想蓬勃发展和长盛不衰,海上运输安全至关重要。然而,航运长期以来一直被认为是一个高危行业,海上事故经常导致重大的生命、货物和财产损失以及严重的环境污染。因此,随着航运业新一轮快速发展期的到来,预防海上事故和减少事故造成的生命和财产损失成为海上交通安全管理的一项重要任务,因此,加强海上交通事故的预防以保护生命和财产至关重要。

国际海事组织呼吁各国在进行海上交通运输安全研究时务必加强对不安全行为的关注。在国际海事组织的努力下,陆续推出了《海员培训、认证和值班标准国际公约》(STCW公约)和《国际安全管理规则》(ISM规则),分别从船员培训和管理的角度对促进海上交通运输安全提出新的要求。1999年,为避免海事调查中忽视或遗漏人为因素的关键信息,国际海事组织通过了《海事调查中人为因素调查指南》[A.884(21)],向海事调查员提供了海事调查中人为因素的调查方法和程序,并且将不安全行为定义为"在存在危险或潜在不安全情况下发生的失误或违规行为"。虽然航运界持续地采取积极措施以提高船员行为的安全水平，但海上事故的发生率尚未控制在预期水平。

本书依托于科技部国家重点研发计划"船员不安全行为与状态的监测预警技术研究"（2019YFB1600602），从风险管理的角度对海上事故中船员不安全行为及其影响因素的复杂交互特性展开深入研究，通过系统认知船员不安全行为及其影响因素，构建系统化的分析和分类模型，为船员不安全行为及其影响因素的交互分析奠定基础；进而深入探究船员不安全行为的复杂风险演化机制，识别风险管理中的关键节点，从而实现船员不安全行为及其影响因素交互作用下海上事故类型及严重性的可解释预测，对提高海上运输安全水平具有重要意义。第1章简要介绍了本书研究背景、研究现状及研究内容。第2章对海上事故、船员不安全行为以及风险的相关概念进行界定，并对事故致因理论、复杂系统理论以及风险管理理论进行阐述。第3章对船员不安全行为及其影响因素进行系统化认知，建立船员不安全行为及其影响因素分析和分类模型。第4章构建了船员不安全行为及其影响因素的复杂交互网络，从多维视角探究船员不安全行为的风险演化特性及规律。第5章探究在船员不安全行为风险交互的作用下，海上事故类型及其严重性的可预测性。第6章对本书内容进行了总结，并对船员不安全行为管理提出建议。

在本书的撰写过程中，得到了许多同行和专家的指导和帮助，在此表示衷心的感谢！特别感谢大连海事大学马晓雪教授对本书撰写工作的大力支持！

由于作者水平有限，本书难免有纰漏和疏忽之处，敬请读者批评指正。

兰　赫<br>
2024年9月

# 目 录

## 第1章 绪论 ················································································· 1
### 1.1 研究背景及意义 ······································································ 1
#### 1.1.1 研究背景 ········································································ 1
#### 1.1.2 研究意义 ········································································ 3
### 1.2 国内外相关研究现状及进展 ······················································ 4
#### 1.2.1 船员不安全行为及其影响因素认知研究 ······························ 4
#### 1.2.2 海上人因事故风险评估方法研究 ········································ 8
#### 1.2.3 海上事故风险预测相关研究 ············································· 10
#### 1.2.4 文献评述 ······································································ 12
### 1.3 研究内容与目标 ····································································· 13
#### 1.3.1 研究内容 ······································································ 13
#### 1.3.2 研究目标 ······································································ 15
### 1.4 本书结构与技术路线 ······························································· 15
#### 1.4.1 本书结构 ······································································ 15
#### 1.4.2 技术路线 ······································································ 16

## 第2章 相关概念界定与理论基础 ···················································· 18
### 2.1 相关概念界定 ········································································ 18
#### 2.1.1 海上事故相关概念 ·························································· 18
#### 2.1.2 船员不安全行为相关概念 ················································· 20
#### 2.1.3 风险相关概念 ································································ 21
### 2.2 相关理论基础 ········································································ 22
#### 2.2.1 事故致因理论 ································································ 22

2.2.2　复杂系统理论 ………………………………………………… 23
　　2.2.3　风险管理理论 ………………………………………………… 25

# 第3章　船员不安全行为及其影响因素认知分析 …………………………… 29
## 3.1　船员不安全行为及其影响因素认知方法 ………………………… 29
　　3.1.1　扎根理论方法 …………………………………………………… 29
　　3.1.2　改进的 HFACS 模型 …………………………………………… 31
　　3.1.3　关联规则技术 …………………………………………………… 33
## 3.2　基于扎根理论的船员不安全行为及其影响因素分析和分类模型 … 35
　　3.2.1　研究数据收集 …………………………………………………… 36
　　3.2.2　船员不安全行为及其影响因素的扎根编码过程 ……………… 37
　　3.2.3　船员不安全行为及影响因素分析和分类模型构建 …………… 51
## 3.3　船员不安全行为及其影响因素数据集构建及关联分析 ………… 56
　　3.3.1　船员不安全行为及其影响因素数据集构建 …………………… 56
　　3.3.2　船员不安全行为及其影响因素特征分析 ……………………… 58
　　3.3.3　船员不安全行为及其影响因素关联分析 ……………………… 60
## 3.4　本章小结 ……………………………………………………………… 66

# 第4章　复杂网络视角下船员不安全行为及其影响因素的交互研究 ……… 68
## 4.1　船员不安全行为及其影响因素的交互网络分析方法 …………… 68
　　4.1.1　基于关联规则的复杂网络模型构建方法 ……………………… 69
　　4.1.2　网络的拓扑特征 ………………………………………………… 70
　　4.1.3　网络的节点重要度 ……………………………………………… 73
　　4.1.4　网络的社区发现 ………………………………………………… 74
## 4.2　基于关联规则的船员不安全行为及其影响因素复杂交互网络 … 76
## 4.3　网络的拓扑特征分析 ………………………………………………… 78
　　4.3.1　网络规模和密度 ………………………………………………… 78
　　4.3.2　网络的节点度数 ………………………………………………… 78
　　4.3.3　网络的平均路径长度和直径 …………………………………… 79

| | | |
|---|---|---|
| 4.3.4 | 网络的加权聚类系数 | 80 |
| 4.3.5 | 网络的介数中心性 | 81 |
| 4.3.6 | 网络的小世界特性 | 82 |

4.4 基于PageRank算法的节点重要度分析 …… 82

4.5 基于随机游走的社区发现研究 …… 84

4.6 本章小结 …… 90

# 第5章 船员不安全行为风险交互下的海上事故类型及严重性预测研究 …… 92

5.1 研究数据预处理 …… 92

    5.1.1 数据概况 …… 92

    5.1.2 不平衡数据处理 …… 94

5.2 海上事故类型及严重性的预测方法 …… 95

    5.2.1 选择性集成学习 …… 95

    5.2.2 个体学习器 …… 96

    5.2.3 两阶段选择性集成学习方法 …… 99

    5.2.4 可解释性方法 …… 102

5.3 基于选择性集成学习的海上事故类型预测模型构建 …… 103

    5.3.1 个体学习器构建 …… 103

    5.3.2 选择性集成学习模型构建 …… 105

    5.3.3 模型性能评估 …… 108

    5.3.4 鲁棒性检验 …… 110

    5.3.5 基于SHAP的模型解释分析 …… 110

5.4 基于选择性集成学习的海上事故严重性预测模型构建 …… 114

    5.4.1 模型性能评估 …… 114

    5.4.2 鲁棒性检验 …… 115

    5.4.3 基于SHAP的模型解释分析 …… 116

5.5 海上事故类型及严重性预测模型的应用研究 …… 118

5.6 本章小结 …… 122

## 第6章　结论与建议·········································124
### 6.1　研究结论·············································124
### 6.2　对策建议·············································126
### 6.3　研究展望·············································128

## 附录　海上事故基本信息··································130

## 参考文献······················································160

# 第1章 绪　　论

## 1.1 研究背景及意义

### 1.1.1 研究背景

随着加快建设海洋强国、"一带一路"倡议、建立"海洋命运共同体"等的相继提出,海洋经济得到高速发展,海上运输需求显著增加。然而,日益增多的海上运输活动不可避免地伴随着海上事故的发生。我国交通运输部发布的2021年交通运输行业发展统计公报[1]显示,2021年共发生运输船舶水上交通事故(等级事故)129起,造成153人死亡/失踪,沉船46艘。从全球范围来看,2010—2020年,埃信华迈(IHS Markit)全球海上事故数据库[2]共记录了27866起海上事故,事故造成5797人死亡/失踪,3806艘船舶全损,统计结果如图1-1所示。可以看出,虽然海上事故数量呈波动下降趋势,但是死亡/失踪人数以及船舶全损数量仍然不容乐观。海上事故的发生会对生命、财产安全造成重大损失,甚至引起海洋污染等环境问题[3-4]。同时,随着船舶数量、规模以及速度的不断增长,海上运输风险也在不断增加。因此,保障海上运输安全,降低海上事故发生率,对全球经济发展和稳定起着重要作用[5]。

基于事故致因理论,事故的发生是物的不安全状态与人的不安全行为在环境条件、管理缺陷等影响因素的交互作用下持续演化的结果。大量研究致力于分析工业事故的原因,并指出人的不安全行为是导致事故发生的主要及直接原因[6-7]。国际航运界从20世纪70年代开始认识到不安全行为的重要性[8],将约80%的海上事故被归因于船员的不安全行为[9]。国际海事组织(International

Maritime Organization,IMO)呼吁各国在进行海上交通运输安全研究时务必加强对不安全行为的关注。在国际海事组织的努力下,陆续推出了《海员培训、认证和值班标准国际公约》(STCW 公约)和《国际安全管理规则》(ISM 规则),分别从船员培训和管理的角度对促进海上安全提出新的要求[10]。1999 年,为避免海事调查中忽视或遗漏人为因素的关键信息,国际海事组织通过了《海事调查中人为因素调查指南》[A.884(21)],向海事调查员提供了海事调查中人为因素的调查方法和程序,并且将不安全行为定义为"在存在危险或潜在不安全情况下发生的失误或违规行为"[11]。虽然航运界持续地采取积极措施提高船员行为的安全水平,但海上事故的发生率尚未控制在预期水平[12-13]。

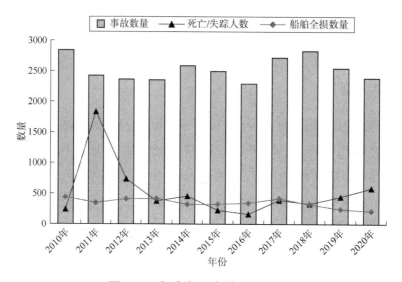

图 1-1 全球海上事故数据统计

海上交通运输安全有赖于"人-船-管理-环境"系统的协调运行[14]。安全管理的目的是杜绝船员的不安全行为,消除物的不安全状态,减少组织中的不安全管理和控制环境中的不安全因素。科学技术的进步使得船舶机器设备的安全性和可靠性得到了极大提高,各种监测和预警手段以及劳保用品的使用使得环境中不安全因素的消极影响也得到了有效控制,但是船员作为系统中唯一具有主观能动性的部分,其行为具有不确定性。船员不安全行为的发生被认为是一系列复杂、动态的影响因素交互作用的结果[15]。来自组织、技术、环境、个体特质等方面的因素耦合叠加于船员个体,使得船员不安全行为的产生呈现不确定性、突发性和随机性。为了最大限度地减少船员不安全行为导致的海上事故,明确船员不安全行为的影响因素,探究多因素间的复杂风险交互规律,始终是安全管理中的难点,也是海上安全研究的重要发展趋势。

基于上述研究背景,系统认识船员不安全行为及其影响因素,构建系统化的分析和分类模型,深入探究船员不安全行为的风险演化机制,明确船员不安全行为及其影响因素的交互特性和规律,识别风险管理中的关键节点,预测船员不安全行为及其影响因素交互作用下可能发生的海上事故类型及其严重性,实现风险的主动预防,对提高海上交通运输安全水平具有重要意义,也是本书拟解决的重点问题。

### 1.1.2 研究意义

本书依托于科技部国家重点研发计划"船员不安全行为与状态的监测预警技术研究",借助机器学习技术,从风险管理的角度出发,对船员不安全行为及其影响因素进行交互分析以及海上事故预测研究,按照"船员不安全行为及其影响因素认知分析→复杂网络视角下船员不安全行为及其影响因素的交互研究→船员不安全行为风险交互下的海上事故类型及严重性预测研究"的顺序层层递进,系统认知船员不安全行为及其影响因素,构建船员不安全行为及其影响因素的交互网络,深入探究船员不安全行为的风险演化特性与规律,预测在船员不安全行为及其影响因素交互作用下可能发生的海上事故类型及其严重程度,为船员不安全行为管理提供有益参考。本书的内容有助于提高海上运输安全水平,具有重要的理论意义和实际意义。

本研究的理论意义为:

①有助于为后续的船员不安全行为研究提供理论支撑。本书针对五种典型海上事故类型,综合运用扎根理论和改进的 HFACS[1] 模型,对海上事故调查报告进行深入分析,系统辨识船员不安全行为及其影响因素,并以此为基础有针对性地开发出适用于船员的不安全行为影响因素分析和分类模型,构建船员不安全行为及其影响因素数据集,为后续的船员不安全行为及其相关研究的深入开展提供必要的理论支撑。

②丰富了船员不安全行为研究的方法和途径。本书通过合理地借鉴和运用

---

[1] HFACS:Human Factor Analysis and Classification System,即"人为因素分析和分类系统"。

事故致因、风险管理和复杂系统等理论方法,利用关联规则、复杂网络、选择性集成学习等机器学习技术深入探讨了船员不安全行为及其影响因素的交互规律、演化特性以及预控重点,融合多学科理论与方法,实现了不安全行为分析由主观经验向数据驱动的转化,是对船员安全管理研究的丰富和拓展。

本研究的实际意义如下:

①有助于为海上活动利益相关者制定有针对性的船员不安全行为的管控策略提供有益参考。本书将船员不安全行为由抽象转化为具体,通过探究船员不安全行为的风险演化特性和规律,锁定船员不安全行为管理中的关键节点,有助于管理者制定相应的安全管控策略,阻断风险传播路径,避免盲目管理。

②有助于提升海上安全管理的主动性。本书明确了海上事故类型及严重性预测与船员不安全行为及其影响因素之间的量化关联,有助于主动预防不安全行为导致的海上事故风险,以预防性管理代替补救性管理,提高海上运输安全水平,减少海上事故的发生,保障海上人命和财产安全,促进全球经济发展和社会稳定。

## 1.2 国内外相关研究现状及进展

由于海上事故会带来严重后果,海上事故风险管控研究一直是国内外海上运输安全领域的重点。国内外相关学者从不同角度对海上事故开展研究,并取得了一定的研究成果。然而,受到数据采集、信号传输、信息技术等问题的限制,与海上事故中船员不安全行为有关的数据十分有限,这在一定程度上限制了相关研究的进展。根据本书的研究内容和研究目的,下面将从船员不安全行为及其影响因素认知研究、海上人因事故风险评估方法研究以及海上事故风险预测相关研究三个方面对现有文献进行综述。

### 1.2.1 船员不安全行为及其影响因素认知研究

(1)船员不安全行为的界定和识别研究

不安全行为的概念内涵十分宽泛,广义上的不安全行为是指已经造成危害或具有潜在危害的一切行为。在相关研究中,人的不安全行为也被称作人的失误、人因失误、人为错误等[16]。目前,国内外学者大多基于自身的研究领域和研究方向对不安全行为的核心内涵进行界定。例如,关腾飞[17]基于航海专业教学以及实践过程中总结的经验,对船员不安全行为进行了初步探讨,认为船员不安全行为是指"船员在自己意识的支配下,违反法律法规或安全操作规则或规章制度,使事故有可能或有机会发生,以致危及船舶安全的过错行为"。刘正江[18]针对船舶避碰过程中人的可靠性问题,将不安全行为定义为"船员的疏忽对船舶避碰系统产生不良影响"。通过查阅不安全行为的相关文献,对不安全行为的有关定义进行汇总,如表1-1所示。

**不安全行为的定义汇总** 表1-1

| 来源 | 定义 |
| --- | --- |
| Heinrich[19] | 作业中的工人的缺点和错误造成了不安全行为 |
| Peter[20] | 行为人的实际行为对既定标准、程序的一种偏离 |
| Rigby[21] | 生产过程中导致实际实现的功能与预期功能发生偏差的行为 |
| Rasmussen[22] | 造成事故的不恰当行为 |
| Landsburg 等[23] | 生产和生活过程中人的不正确决策、不恰当行为 |
| 国家标准局[24] | 可以触发事故的人为错误 |
| 国际海事组织[11] | 在存在危险或潜在不安全情况下发生的失误或违规行为 |
| 梁振东[25] | 可能直接导致事故的冒险与疏忽行为 |
| 陈红等[26] | 在生产过程中直接导致事故的人的失误行为 |
| 刘铁松[27] | 立足于已发生的状态,过去已造成事故或者将造成事故的人的行为 |
| 周刚等[28] | 不安全行为是人失误的特例,是在生产中发生的直接导致事故的人的失误 |

从表1-1中可以发现,人的不安全行为和人的失误是不同的概念。为了系统地调查海上事故中涉及的船员不安全行为,国际海事组织在《海事调查中人为因素调查指南》[A.884(21)]中对船员不安全行为进行了明确定义,将不安全行为定义为"在存在危险或潜在不安全情况下发生的失误或违规行为"[11],即:失误属于一种人的不安全行为。此外,国际海事组织在该指南中提出了一种不安全行为的分析分类方法,该方法建立在 Reason 的通用失误模型系统(Generic Error Modeling System)基础上[29]。通用失误模型系统将不安全行为归为两类,一类是非意向行为过程的失误,可细分为疏忽(slips)和遗漏(lapses);另一类是

意向行为的失误,可细分为违反(violations)和错误(mistakes)。Chen等[30]在国际海事组织提出的指南基础上,采用了通用失误模型系统定义失误,将其划分为基于技能的失误、基于规则的错误以及基于知识的错误。Shappell和Wiegmann[31]以此为依据提出了人为因素分析和分类系统(Human Factor Analysis and Classification System,HFACS),将不安全行为划分为失误和违规,这种分类方式在船员不安全行为分析中得到了广泛应用[32-35]。

随着船员不安全行为被广泛认为是导致海上事故发生的直接原因,关于海上事故中船员不安全行为的识别研究逐渐增多,一系列不安全行为的识别方法已被开发并应用。表1-2列出了4种常见的船员不安全行为识别方法。

**船员不安全行为识别方法**　　　　表1-2

| 来源 | 方法 | 类型 | 执行时间 |
| --- | --- | --- | --- |
| Hollnagel[36] | 认知可靠性错误分析方法(CREAM) | 定性和定量 | 耗时 |
| Shorrock和Kirwan[37] | 认知错误的回顾和预测分析技术(TRACEr) | 定性 | 耗时 |
| Williams[38] | 人为错误评估和减少技术(HEART) | 定量 | 快速 |
| Wiegmann和Shappell[31] | 人为因素分析和分类系统(HFACS) | 定性 | 耗时 |

衡量不安全行为识别方法的重要标准是该方法是否可以提供合理的分类依据来充分描述人的不安全行为模式[39],这是因为完善的不安全行为分类方法可以在数据库中存储有价值的信息,有助于提高安全水平并支持针对特定事故场景开发风险模型[40]。得益于HFACS模型所具有的分类特性,它在船员不安全行为的认知分析中得到广泛应用[41]。Zhang等[42]利用HFACS模型,从船舶碰撞事故报告中确定了疏忽、判断失误和操作失误等5种船员不安全行为。同样,Celik和Cebi[33]利用HFACS模型识别海上事故中的人为失误,揭示了人为失误的层次结构及其内部的逻辑关系。针对航运领域特点,学者们对HFACS模型进行了改进。Chauvin等[34]基于27起船舶碰撞事故,建立了HFACS-Coll模型,提出5个层面的人为失误,分别是外界因素、组织影响、不安全监督、不安全行为前提条件、不安全行为。Chen等[30]提出了HFACS-MA模型,该方法使用SHEL模型来描述传统HFACS中的不安全行为前提条件。除此之外,TRACEr分类法也被用于海上事故调查[43]。例如,Sotiralis等[44]采用TRACEr技术,对船舶碰撞事故中出现的船员不安全行为进行了较为全面的识

别,这种方法的优点是可以预测性和回顾性地用于人机交互分析。另外,CREAM 和 HEART 是两种具有代表性的人为失误量化方法。CREAM 模型在一个组织良好的框架中提供了 9 种常见的性能条件和 4 种控制模式。Macrae[45]基于 CREAM 模型对船舶搁浅和碰撞事故中的人为失误进行识别,并分析其致因模式。由于 HEART 考虑环境和操作条件,已经被应用于船舶和近海系统的维护与操作中。这两种人为失误量化方法通常是与其他定量方法结合实施的,其中,模糊逻辑、证据推理和贝叶斯网络(BN)是应用最广泛的三种定量方法。在实践中,识别海上事故中涉及的船员不安全行为很大程度上取决于研究者的认知水平[46]。因此,在可用数据具有一定数量的情况下,这些方法通常与其他数据驱动技术相结合,例如贝叶斯网络和人工神经网络(ANN)技术等。

(2)船员不安全行为的影响因素研究

船员不安全行为的影响因素也是一个研究热点。船员不安全行为的影响因素大致可以分为两类:外部因素和内部因素。

外部因素包括环境因素和组织因素。环境因素涉及航行环境、船舶运动、噪声和振动等多种因素。航行环境包括风浪、潮汐流、能见度、时间、季节、地理环境、交通流量等。研究指出,当风浪、潮汐流、时间和季节等航行环境因素对船舶航行安全产生威胁时,将有很大可能导致船舶事故发生[47-51]。当船舶交通流量增加时,船舶发生碰撞事故的频率更高[51]。由于船员是防止事故发生的最后一道安全屏障,由此可以推断航行环境对船员的安全行为表现具有重大影响。此外,Kurt 等[52]指出恶劣的航行环境可能导致噪声和振动的产生或者增加工作量和疲劳程度,最终可能导致船员做出不安全的行为。一种可能的原因是船舶运动会导致船员因晕船而感到身体不适[53],传统意义上,小型船舶比大型船舶具有更大的摇摆概率[39]。对此,航行经验丰富的船员会比经验不足的船员适应得更快。在实践中,船舶运动规律、噪声和振动被认为是船舶操纵能力的影响因素,已被用于在船舶设计阶段提高船员的安全水平[54]。组织因素主要涉及安全文化、安全氛围、安全投入等。由于此类因素无法直观展现,多数研究采用调查问卷和量表的形式,在实地调研的基础上,结合问卷调查以及模拟仿真软件得到的定量分析结果,研究组织因素与船员不安全行为之间的关联性。例如,Lu 和Tsai[55]利用结构方程模型,针对集装箱船,探究安全氛围对船员行为安全的影响,结果显示安全文化对船员不安全行为起到反向作用。Akhtar 和 Bouwer[56]在研究船员疲劳对不安全行为的影响作用时,引入安全氛围作为中介变量,发现疲劳能够通过中介因素对不安全行为产生影响。Pousette 等[57]在安全氛围和安全行为之间建立了安全动机和安全知识两个维度,通过验证性因子分析探究两者之间的关系。相同的个体在使用不同的量表进行测试时可能会得到不同的结果,因此,问卷的合理性是这些研究的关键问题[58]。多数研究表明,良好的外部环境可以提高船员安全行为的选择水平。

内部因素包括心理因素、生理因素和能力水平。疲劳是一种典型的内部因素,可分为身体类型(生理)和精神类型(心理),已被证明是导致船员不安全行为发生的重要因素[59]。从事故数据分析来看,疲劳与海上事故风险密切相关,在"Exxon Valdez"号油轮搁浅事故中,由于值班人员的睡眠时间不足,在很大程度上加重了船上人员的疲劳程度,进而造成船员不安全行为的产生[60]。许多因素会导致船员疲劳的产生,包括睡眠不足、工作乏味、噪声/振动、压力、酒精、工作负荷、疾病、值班安排不当等。例如,Sætrevik 等[61]发现环境压力、海上停留时间和心理资本对疲劳有显著影响。Bal 等[62]利用乳酸测试测量船员的疲劳程度,发现睡眠对疲劳的产生具有重要作用,并且在船员停靠港口期间疲劳程度会加重。此外,工作负荷和压力也使海上运输中船员不安全行为大大增多。基于对 27 起碰撞事故的分析,30.77%的船舶碰撞事故是由于工作负荷大造成的[34]。Sneddon 等[63]通过综合分析压力、疲劳和态势感知之间的关联关系,指出压力与疲劳有关,并且压力是影响态势感知的关键因素。此外,适任能力、态势感知和安全意识也被认为是影响船员决策以及不安全行为出现的重要能力水平因素[64-66]。这些研究大多采用调查问卷的方式来确定个体的不同特征,以此来研究内部因素对船员不安全行为产生的影响,并且对于连续性较强且具有一定时序性的因素,重点关注在不同时段、行为干预前后的个体行为选择的差异。与此同时,部分学者引入分类因素以拓展研究深度[61]。

### 1.2.2 海上人因事故风险评估方法研究

为了评估海上运输风险以保证海上安全,国际海事组织提出了一种结构化的正式安全评估(Formal Safety Assessment,FSA)方法。FSA 方法考虑了船

第 1 章 绪论

舶条件、组织管理、硬件设备以及外部环境等方面的因素,为海事利益相关者进行海上风险评估提供有益参考[67]。FSA 方法推动了有关海上人因事故风险评估的研究进程。国内外相关研究在对海上人因事故进行风险评估时,考虑并使用多种方法来量化不安全行为,以探析船员不安全行为在海上事故中的风险演化过程,尤其是基于概率的方法,例如故障树分析(FTA)[68]和贝叶斯网络(BN)[69-70]。Trucco 等[71]引入了 FTA 和 BN 进行海上运输风险分析,并使用 BN 估计 FTA 中的基本事件发生的概率。Ung[72]使用 FTA 和 CREAM 来评估船舶搁浅事故中人为失误发生的概率。Deacon 等[73]开发了一种事故风险评估方法,以评估海上紧急集合期间人为失误的风险,并对该方法进行了验证。Akhtar 等[59]利用 BN 分析了船员疲劳对船舶搁浅风险的影响,并比较了在两种值班安排下的船员疲劳情况。Zhou 等[74]考虑了液化气运输船装卸操作中的不安全行为,并引入 FTA 来估计液化气运输船的泄漏风险。此外,Sotiralis 等[44]将船员不安全行为纳入船舶碰撞风险模型。在上述研究中,大多数将研究方法应用于静态分析,然而 BN 也可以发展成为一个动态分析模型,并且能够处理风险耦合问题。例如,Liu 等[75]通过结合动态 BN 和 NK 模型分析了海底井喷事故中的风险耦合作用,Huang 等[76]提出 BN-K2 期望最大化算法,研究了操作故障之间的耦合效应强度。Qiao[77]和 Lai 等[78]也开展了类似的研究,他们分别对地下煤矿事故和储罐事故中多因素的耦合机制进行了探究。在实践中,厘清风险交互机制有助于维护系统安全,对于提高系统的可靠性更为关键,尤其是对于具有高度不确定性和人为干预特点的海上交通运输系统。

近年来,为了实现对于系统中复杂风险交互行为的分析,多种量化方法被提出。其中,基于网络的方法受到了重点关注[46]。例如,Lam 和 Tai[79]利用网络图来识别铁路事故中复杂的风险相互作用,Liu 等[75]也对相关领域进行了研究,并利用因果网络方法挖掘故障信息。此外,Mi 等[80]还提出了一种基于证据网络的分层模型,用于系统可靠性分析中的共因故障和混合不确定性研究。Singh 和 Maiti[81]为了评估风险控制系统的性能,对事故的风险传播路径进行了建模,这与涉及多米诺效应的风险分析研究较为类似[82]。风险事件的连锁效应也经常被用来研究风险交互过程,Wu 等[83]提出了一种基于离散动力系统的连锁故障风险传播模型。Wang 等[84]考虑到风险相互作用和传播效应,采用 PageRank 算法确定故障模式的风险优先级。由于风险事件的因果关系具有高度复杂性,可以被视为一个复杂的社会技术系统,传统方法难以对其进行有效评估。为了解决这一问题,考虑到复杂网络(Complex Network,CN)理论在金融[85-86]、地铁[87]和建筑[88]领域的成功应用,Lan等[89]利用复杂网络理论构建了船舶碰撞事故的复杂风险交互网络,以探究碰撞事故中船员不安全行为的风险演化机制。Ma等[90]指出复杂网络方法能够比故障树分析、事件树分析和贝叶斯网络等传统方法更有效地呈现和分析因素之间的复杂相关性,并识别出关键风险因素。此外,复杂网络理论具有高度扩展性,可以与其他技术相结合。虽然基于网络的风险交互分析方法已经应用于多个领域,但是在海上人因事故领域的应用依旧相对有限。

### 1.2.3 海上事故风险预测相关研究

准确预测潜在风险的可能性以及严重性对维护安全有诸多益处[91],有助于利益相关者提前捕捉到可能发生的风险事件,从而进行主动预防,减少事故损失。国内外学者在意识到事故风险预测的重要性后,已经开展了相关研究。例如,Sarkar等[92]采用了6种机器学习(Machine Learning)算法分别构建职业事故的严重程度预测模型,结果显示随机森林(Random Forest,RF)模型的预测表现优于其他模型,并且通过在平衡数据集上训练模型,其预测表现显著提高。此外,自然灾害[93]、道路交通[94-95]等领域也开展了相关研究。机器学习为解决多元、非线性的复杂问题提供了一种有效的方法,并且被认为比传统的统计模型在风险预测方面表现得更好[96]。在交通运输领域,机器学习已被应用于预测事故发生的可能性[97]和事故的严重性[94-95]。Li等[98]基于中国危险货物公路运输事故的历史数据,建立了时间序列和自回归移动平均(ARMA)预测模型,实现了对危险货物公路运输事故数量的准确预测。Yang等[94]提出了基于中国道路交通事故数据的深度神经网络(DNN)模型,以准确预测交通事故的风险严重性。类似地,Kumar等[99]利用人工神经网络(ANN)等机器学习技术来预测道路交通事故的严重程度,并确定可能影响事故严重程度的具体特征。此外,Li等[100]提出了一个深度融合模型,使用堆叠受限玻尔兹曼机(RBM)处理分类变量,使用堆叠高斯-伯努利RBM处理连续变量,并使用联合层融合提取特征。该模型可以充分挖掘高速公路交通事故数据和交通流数据中的非线性复杂模式,以预测高速公路交通事故从发生到处理完毕的持续时间。

此外,预测模型的可解释性对于管理者提取相关影响因素并实施相应的管理对策至关重要。可解释性目前还没有从数学的角度得到明确定义,而是以一个理论的概念形态存在。Miller[101]从非数学的角度将可解释性定义为:可解释性是人们能够理解模型决策原因的程度。目前,常用的可解释性方法是基于模型的本身特性来进行模型解释。例如,Zhu 等[102]采用 8 种机器学习算法分别构建了建筑事故的严重程度预测模型,然后利用随机森林算法评估不同因素对事故严重程度的影响,结果表明应急管理和安全培训对建筑事故的严重程度起到重要作用。类似地,Xu 和 Luo[103]利用随机森林算法针对空中交通管制员的不安全行为构建预警模型,并指出业务能力、技术环境、监督情况和精神状态对预测失误行为更为重要,而监督情况、组织氛围、组织流程对于预测违规行为更加重要。然而,基于模型的解释方法不能揭示影响因素之间的详细交互关系。由此,局部解释模型(LIME)、局部敏感性分析(LSA)、局部相关性图(PDP)、全局敏感性分析(GSA)及 Shapley 加和解释(SHAP)等事后的机器学习模型解释方法得到了广泛关注。其中,LIME 只能用于分析单个影响因素对预测结果的影响,LSA 和 PDP 假设不同的影响因素是独立分布的,只有 GSA 和 SHAP 可以解释影响因素之间的潜在相关性。除此之外,SHAP 还能够可视化预测结果和影响因素之间的详细关系[104]。Kim 和 Kim[105]基于随机森林算法预测极端高温天气的危害程度,通过引入 SHAP 方法,人口、社会经济和气候被确定为对预测过程作用最大的因素。Yang 等[106]使用极限梯度增强(Extreme Gradient Boosting,XGBoost)和 SHAP 方法探讨了建筑环境因素与货车碰撞事故的空间分布之间的关系。结果表明,人口统计数据、土地使用情况和道路网络因素与货车碰撞事故的空间分布高度相关。

然而,在航运领域,机器学习技术在海上事故风险预测方面的应用十分有限。目前,有关海上风险预测的研究主要集中于利用船舶交通数据,对船舶异常风险进行实时监测[107],以及对船舶的行动轨迹模式进行预测[108]以预防海上事故发生。例如,Rawson 等[109]开发了支持向量机(Support Vector Machine,SVM)、随机森林和极端梯度增强等机器学习模型,以监测不良天气条件下的海上航行风险。Murray 和 Perera[108]通过评估给定地理区域的历史船舶行为,应用机器学习技术来推断船舶相关轨迹的共性,从而有助于主动避免船舶碰撞。此外,

Kim 和 Lee[110]利用机器学习技术提出了一种区域船舶目的地的预测方法,通过将船舶自动识别系统(Automatic Identification System,AIS)历史数据、其他海事数据以及航行目的地一起输入机器学习模型中,训练船舶航行目的地的预测模型。类似地,Zhang 等[111]应用随机森林算法提出了一种用于船舶目的地预测的通用 AIS 数据驱动模型,能够根据船只的行驶轨迹和历史轨迹之间的相似性来预测目的地。这些方法有助于对船舶行为进行分析,进而帮助避免碰撞风险。随后,基于地理信息系统(Geographic Information System,GIS)数据,Yang 等[112]将海域划分为不同的网格,在每个网格中,建立了海上事故数量和严重程度与交通特征之间的映射关系,利用机器学习技术评估网格区域是否为事故易发区域,并预测每个网格中的事故严重程度。尽管机器学习技术在风险预测中的潜力已被认识到,但其在海上事故风险预测领域的研究依然有限。

### 1.2.4 文献评述

通过总结国内外相关文献,目前船员不安全行为及其影响因素认知、海上人因事故风险评估方法以及海上事故风险预测的有关研究存在以下不足。

(1)船员不安全行为及其影响因素认知研究方面

由于缺少海上事故中船员不安全行为的数据,通常很难针对船员的不安全行为进行分析。目前,多数研究借助专家判断和事故因果模型,从海上事故报告中确定不安全行为及其影响因素,这些研究为船员不安全行为研究提供了宝贵的见解,然而,相关研究结果存在较大的主观性缺陷。此外,上述研究侧重于特定类型的事故或船舶,未能为船员不安全行为及其影响因素分析制定全面、系统的理论模型。因此,有必要面向多种海上事故,系统辨识船员不安全行为及其影响因素;同时,减少识别过程中的主观性和不确定性,建立起船员不安全行为影响因素的分析和分类模型。

(2)海上人因事故风险评估方法研究方面

船员不安全行为的发生是一系列复杂、动态的影响因素交互作用的结果。来自组织、技术、环境、个体特质等方面的因素耦合叠加于船员个体,使得船员不安全行为的产生呈现不确定性、突发性和随机性。随着海上运输活动复杂度的提高,船员不安全行为与多种影响因素之间的交互程度逐步加深。目前,基于概率的传统方法逐渐难以胜任复杂的风险评估工作,无法明确海上运输活动中复杂的风险交互行为。因此,本书基于复杂网络理论,对海上运输活动中船员不安全行为及其影响因素的交互作用进行深入分析,通过构建船员不安全行为及其影响因素的交互网络,探究船员不安全行为的风险演化规律和特性,明确复杂交互网络中的高风险节点。

(3)海上事故风险预测研究方面

目前,海上事故风险预测研究主要集中于船舶轨迹模式和船舶行为的预测,通常是利用船舶交通数据,结合机器学习技术,构建风险预测模型。虽然机器学习技术的应用潜力已经得到认可,但是当前研究尚未考虑到机器学习技术在海上事故类型以及事故严重性预测方面的应用。同时,由于缺少海上事故中船员不安全行为的数据,使得利用船员不安全行为及其影响因素作为输入变量的风险预测研究严重受限。因此,本书收集、整理海上事故报告,建立船员不安全行为及其影响因素数据集,将选择性集成学习技术引入海事领域,以构建可解释的海上事故类型及其严重性预测模型,并确定对预测结果起到重要作用的船员不安全行为及其影响因素。

综上所述,系统认知船员不安全行为及其影响因素、明晰船员不安全行为和影响因素之间的交互规律及特征、构建海上事故预测模型等对于减少船员不安全行为、降低海上事故发生率、保障海上运输活动安全具有重要意义。因此,本书面向5种典型海上事故类型,建立系统化的船员不安全行为及影响因素分析和分类模型,探究船员不安全行为的风险演化特性,并且为海上事故类型以及严重性预测提出一种准确可靠的、可解释的预测方法。

## 1.3 研究内容与目标

### 1.3.1 研究内容

本书以海上事故中涉及的船员不安全行为为研究对象,在分析国内外研究现状的基础上,考虑海上安全的实际问题,利用扎根理论、关联规则、复杂网络、选择性集成学习等方法,从船员不安全行为及其影响因素认知分析、复杂网络视角下船员不安全行为及其影响因素的交互研究、船员不安全行为风险交互下的海上事故类型及严重性预测研究三个方面开展深入研究,以期为船员不安全行为管理提供有益参考,进一步提高海上运输安全水平。

研究内容包括以下三大部分:

(1)船员不安全行为及其影响因素认知分析

在系统辨识船员不安全行为及其影响因素的基础上,建立船员不安全行为及影响因素分析和分类模型,为后续研究奠定基础。首先,收集并筛选海上事故调查报告,利用扎根理论方法和改进的 HFACS 模型识别船员不安全行为及其影响因素,建立船员不安全行为及其影响因素分析和分类模型;进而,建立船员不安全行为及其影响因素数据集,针对 5 种典型海上事故类型(碰撞、搁浅、自沉、触碰和火灾/爆炸),对船员不安全行为以及影响因素进行特征统计分析;然后,利用 Éclat 算法,挖掘船员不安全行为与影响因素之间的频繁项集,进一步提取船员不安全行为的风险关联模式。

(2)复杂网络视角下船员不安全行为及其影响因素的交互研究

构建船员不安全行为及其影响因素的复杂交互网络,探究船员不安全行为的风险演化特性和规律。利用研究获取的船员不安全行为与影响因素之间的频繁项集,将关联规则映射到复杂网络构建过程中,构建有向赋权的船员不安全行为及其影响因素交互网络;进而,通过网络拓扑特征分析,探究船员不安全行为及其影响因素交互网络的结构特性;然后,采用加权 PageRank 算法,计算网络中节点的重要度,明确船员不安全行为及其影响因素交互网络中的高风险节点;最后,基于随机游走的社区发现方法,获取网络中的社区结构特征,探究船员不安全行为的典型风险传播路径。

(3)船员不安全行为风险交互下的海上事故类型及严重性预测研究

引入选择性集成学习技术,提高船员不安全行为及其影响因素交互作用下海上事故类型及其严重性的可预测性。基于研究获取的船员不安全行为及其影响因素交互网络中的节点重要度结果进行特征选择,建立多个异质个体学习器,分别利用随机搜索和网格搜索算法进行超参数优化;然后,提出一种平衡模型准确性和差异性的选择性集成学习方法,基于 Stacking 集成学习算法,分别构建海上事故类型及严重性预测模型;通过模型性能比较与鲁棒性分析,检验该模型的预测准确性、稳健性以及泛化能力;进而,引入 SHAP 方法,探究海上事故类型及严重性预测结果与船员不安全行为及其影响因素的映射关联;最后,利用船员不安全行为及其影响因素交互的模拟数据,演示海上事故类型及严重性预测模型在船员不安全行为及其影响因素交互作用下的实际应用。

### 1.3.2 研究目标

本书的总体研究目标是面向船员不安全行为开展海上事故风险交互以及预测研究,以期为船员不安全行为管理提供有益参考,进一步提高海上运输安全水平。本书按照"船员不安全行为及其影响因素认知分析→复杂网络视角下船员不安全行为及其影响因素的交互研究→船员不安全行为风险交互下的海上事故类型及严重性预测研究"的顺序层层递进,通过对船员不安全行为及其影响因素的认知分析,构建船员不安全行为及其影响因素的交互网络,深入探究船员不安全行为的风险演化特性与规律,识别网络中的关键因素,提高海上事故类型以及事故严重性的预测水平,为主动预防海上事故提供有效途径。

为实现上述研究目标,本书具体需要完成以下分目标:

①系统辨识船员不安全行为及其影响因素,进而建立船员不安全行为及其影响因素分析和分类模型。

②构建基于关联规则的船员不安全行为及其影响因素的复杂交互网络,深入探究船员不安全行为的风险演化特性与规律。

③构建可解释的海上事故类型以及严重性的预测模型,明确对海上事故类型以及严重性预测起到重要作用的船员不安全行为及其影响因素。

④对本书构建的预测模型的性能表现和鲁棒性进行验证。

## 1.4 本书结构与技术路线

### 1.4.1 本书结构

根据本研究目标和研究内容,本书将分为6章进行阐述。具体的结构安排如下:

第1章:绪论。首先介绍本书的研究背景以及研究意义,指出"海洋强国"建设大背景下探究船员不安全行为对提高海上安全水平的重要性。然后,对船员不安全行为及其影响因素认知、海上人因事故风险评估方法研究、海上事故风险预测三个方面进行国内外研究现状分析。由此,引出本书拟开展的主要研究内容及技术路线。

第2章:相关概念界定与理论基础。重点介绍本书涉及的海上事故、船员不安全行为以及风险交互的相关概念。同时,对事故致因、复杂系统以及风险管理等相关理论进行阐述。

第3章:船员不安全行为及其影响因素认知分析。基于扎根理论方法,系统辨识船员不安全行为及其影响因素,建立船员不安全行为及其影响因素分析和分类模型,为后续研究奠定基础。

第4章:复杂网络视角下船员不安全行为及其影响因素的交互研究。基于第3章获取的船员不安全行为与影响因素之间的频繁项集,构建船员不安全行为及其影响因素交互网络,探究船员不安全行为的风险演化特性和规律。

第5章:船员不安全行为风险交互下的海上事故类型及严重性预测研究。基于第4章获取的船员不安全行为及其影响因素交互网络中的节点重要度,从海上事故类型和事故严重性两个方面分别构建可解释的预测模型,探究船员不安全行为风险交互作用下海上事故及其严重性的可预测性。

第6章:结论与建议。归纳总结本书的主要结论,提出管理对策建议,分析研究工作的局限性,展望未来可行的研究方向。

### 1.4.2 技术路线

本书在界定相关概念以及回顾事故致因、复杂系统、风险管理等相关理论的基础上,从船员不安全行为及其影响因素认知分析、复杂网络视角下船员不安全行为及其影响因素认知分析、船员不安全行为风险交互下的海上事故类型及严重性预测研究三个方面开展深入研究。本书的技术路线见图1-2。

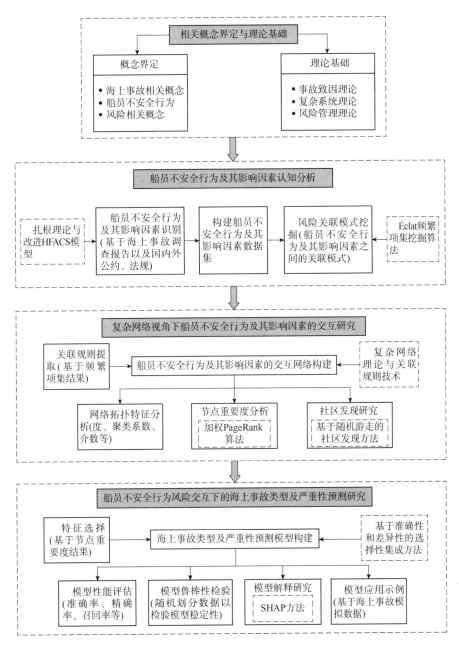

图 1-2 技术路线图

# 第 2 章  相关概念界定与理论基础

本章主要对海上事故、船员不安全行为以及风险的相关概念进行界定,并对事故致因理论、复杂系统理论以及风险管理理论进行阐述,为本书奠定理论基础。

## 2.1  相关概念界定

### 2.1.1  海上事故相关概念

(1)海上事故

目前,对于海上事故尚未形成统一的定义。国内外有许多相关称谓,例如海难事故、船舶事故、航运事故、水上事故等。国际海事组织在《海事调查中人为因素调查指南》[ A.884(21)][11]中,主要采用"海上事故(Marine Accident/Incident)"一词,并将其定义为造成人员伤亡或严重人身伤害的职业事故。我国交通运输部公布的《水上交通事故统计办法》[113]将水上交通事故定义为船舶在航行、停泊、作业过程中发生的造成人员伤亡、财产损失、水域环境污染损害的事件。

根据本书的研究内容和研究范围,将海上事故定义为船舶在航行、停泊、作业过程中发生的造成人员伤亡、财产损失、水域环境污染损害的事故。

(2)海上事故类型

国际海事组织将海上事故分为碰撞事故、搁浅/触礁事故、触碰事故、自沉事故、火灾/爆炸事故、船体故障/水密门等故障、机械损坏、船舶或设备损坏、遗失、救生设备事故以及其他事故[114]。我国交通运输部将海上事故分为碰撞事故、搁浅事故、触礁事故、触碰事故、浪损事故、火灾/爆炸事故、风灾事故、自沉事故、操作性污染事故以及其他引起人员伤亡、直接经济损失或者水域环境污染的水上交通事故[113]。

针对本书的研究对象,排除由于恶劣天气或船舶突发故障等客观因素直接导致的海上事故,综合考虑上述两种海上事故分类标准,保留其重合部分,并将触礁事故归入搁浅事故。由此,本书所指的海上事故仅针对5种典型事故类型,即碰撞事故、搁浅事故、触碰事故、自沉事故以及火灾/爆炸事故。依据《水上交通事故统计办法》[113]分别对这5种海上事故类型进行了描述,如表2-1所示。

**5种海上事故类型描述** 表2-1

| 事故类型 | 描述 |
| --- | --- |
| 碰撞 | 两艘以上船舶之间发生撞击造成损害 |
| 搁浅 | 船舶搁置在浅滩/礁石上,造成停航或者损害 |
| 触碰 | 船舶触碰岸壁、码头、航标、桥墩、浮动设施、钻井平台等水上水下建筑物或者沉船、沉物、木桩、鱼栅等碍航物并造成损害 |
| 自沉 | 船舶因超载、积载或者装载不当、操作不当、船体进水等原因或者不明原因造成沉没、倾覆、全损。其他事故造成的船舶沉没除外 |
| 火灾/爆炸 | 船舶因自然或者人为因素致使失火或者爆炸造成损害 |

**(3) 海上事故严重性**

我国交通运输部将海上事故的严重性按照人员伤亡、直接经济损失或者水域环境污染情况等要素分为4个等级:特别重大事故、重大事故、较大事故和一般事故[113],如表2-2所示。同理,国际海事组织将海上事故的严重性分为4个等级:非常严重事故、严重事故、较严重事故和海上事件[115],如表2-3所示。

**海上事故严重性等级(中国)** 表2-2

| 事故等级 | 描述 |
| --- | --- |
| 特别重大事故 | 造成30人以上死亡(含失踪)的,或者100人以上重伤的,或者1亿元以上直接经济损失的事故;船舶溢油1000吨以上致水域环境污染的,或者在海上造成2亿元以上、在内河造成1亿元以上直接经济损失的事故 |

续上表

| 事故等级 | 描述 |
|---|---|
| 重大事故 | 造成10人以上30人以下死亡(含失踪)的,或者50人以上100人以下重伤的,或者5000万元以上1亿元以下直接经济损失的事故;船舶溢油500吨以上1000吨以下致水域环境污染的,或者在海上造成1亿元以上2亿元以下、在内河造成5000万元以上1亿元以下直接经济损失的事故 |
| 较大事故 | 造成3人以上10人以下死亡(含失踪)的,或者10人以上50人以下重伤的,或者1000万元以上5000万元以下直接经济损失的事故;船舶溢油100吨以上500吨以下致水域环境污染的,或者在海上造成5000万元以上1亿元以下、在内河造成1000万元以上5000万元以下直接经济损失的事故 |
| 一般事故 | 造成1人以上3人以下死亡(含失踪)的,或者1人以上10人以下重伤的,或者1000万元以下直接经济损失的事故;船舶溢油100吨以下致水域环境污染的,或者在海上造成5000万元以下、在内河造成1000万元以下直接经济损失的事故 |

**海上事故严重性等级(国际海事组织)** 表2-3

| 事故等级 | 描述 |
|---|---|
| 非常严重事故 | 造成船舶全损、人员死亡、严重环境污染的事故 |
| 严重事故 | 造成主机、船体大面积损坏、严重结构损坏,使得船舶不适合行驶,或发生污染(无论数量),和/或需要拖航或岸上协助的事故 |
| 较严重事故 | 不属于非常严重或严重等级的船舶损伤 |
| 海上事件 | 包括与船舶运行直接相关的"危险事故"和"未遂事故",这些事故危及或如果不加以纠正将危及船舶、乘客或其他人或环境的安全 |

由于本书所收集的海上事故调查报告中对于事故严重性的划分依据不同,因此综合考虑上述两种分类标准,为了便于后续的计算分析,本书根据死亡/失踪人数将海上事故的严重性重新划分为3类,即重大事故($\geqslant 10$人)、较大事故(1~9人)和小事故(0人)。

### 2.1.2 船员不安全行为相关概念

(1)船员

在本书中,船员是指依照《中华人民共和国船员条例》的规定取得船员适任证书的人员,包括船长、高级船员、普通船员。

(2) 船员不安全行为

在相关研究中,人的不安全行为也被称作人的失误、人因失误、人为错误等[16]。目前,对于不安全行为尚无统一定义。国际海事组织在《海事调查中人为因素调查指南》[A.884(21)][11]将不安全行为定义为"在存在危险或潜在不安全情况下发生的失误或违规行为"。其中,失误是指"个人或群体偏离可接受或可取的做法,可能导致不可接受或不可取的结果",违规是指"计划失败,即故意决定违反规则或计划"。同时,国际海事组织将人为因素(Human Factors)广义地定义为"故意或非故意的行为或疏忽,对特定系统的正常运行或特定任务的成功执行产生不利影响"。由此,可以看出船员不安全行为是在系统中已经存在危险的情况下,导致事故发生的直接原因,而人为因素可能存在于系统中的各个方面。

本书面向海上事故中涉及的船员不安全行为,采用了国际海事组织对船员不安全行为的定义,即在存在危险或潜在不安全情况下发生的失误或违规行为。

### 2.1.3 风险相关概念

(1) 风险

风险被广泛接受的定义是指危险、危害事件发生的可能性以及危险、危害事件发生的严重程度的综合度量[46]。在海上运输活动中,风险存在于各个方面,来自"人-船-管理-环境"等多方面的风险因素相互作用极易导致海上事故的发生。本书将海上事故风险限定为导致海上事故发生的危险、危害事件发生的可能性以及危险、危害事件发生的严重程度的综合度量。

(2) 风险因素

风险因素是风险产生的根源,是风险事件发生的可能原因和条件。在本书中,风险因素特指导致海上事故出现的船员不安全行为及其影响因素。

(3) 风险交互

如果两个因素合在一起时产生的效应,不是简单的相加/相乘,则这两个因素之间存在交互作用。风险交互指的是风险在危险、危害事件之间传播,通过相互作用使得危险、危害事件的可能性以及严重程度发生变化。在本书中,风险交互存在于船员不安全行为之间、影响因素之间以及船员不安全行为和影响因素之间。

## 2.2 相关理论基础

### 2.2.1 事故致因理论

事故致因理论是通过对大量事故案例进行研究分析,针对事故发展规律、演化特性,从事故的本质出发,提炼出能够反映事故生成机理的模型,有助于探寻事故的成因和发展趋势。事故致因理论源于1919年Greenwood和Woods[116]提出的事故倾向性理论,他们发现某些人由于具有某种个性特征,因而比其他人更容易发生事故。随着科学技术的不断进步,人们对事故原因的认识也在不断加深,出现了多种具有代表性的事故致因理论。大致可以分为3个阶段——单因素事故致因理论阶段、事故因果连锁理论阶段和系统安全理论阶段,如表2-4所示。可以看出,事故致因的研究重点从最初对事故原因的简单搜索,发展到对事故过程的系统探究,为事故致因的相关研究奠定了理论基础,也为事故风险管理和预测提供了科学依据,同时为船员不安全行为的管理提供重要指导。

**事故致因理论的发展阶段总结**　　表2-4

| 发展阶段 | 理论名称 | 理论简介 | 评述 |
| --- | --- | --- | --- |
| 单因素事故致因理论阶段 | 事故倾向性理论[116] | 某些人具有容易发生事故的稳定的内在倾向,因而比其他人更易发生事故 | 将事故完全归咎于人的个体特性,认为有事故倾向性的人是导致事故发生的主要原因 |
| 事故因果连锁理论阶段 | 海因里希事故因果连锁理论[19] | 利用多米诺骨牌作类比,伤亡事故不是单独发生的,而是存在一系列的因果关系 | 首次关注到事故的发生是由人和物的不安全因素造成的,但没有考虑到多因素间的复杂性和不确定性 |
| | 博德事故因果连锁理论[117] | 在海因里希的基础上,提出事故发生的根本原因是管理缺陷 | 重点关注导致事故发生的深层次原因,但将事故的根本原因完全归因于管理因素 |
| | 亚当斯事故因果连锁理论[118] | 对博德事故因果连锁理论进行补充,将人的不安全行为和物的不安全状态称作现场失误 | 仅对造成现场失误的管理失误进行分析 |

续上表

| 发展阶段 | 理论名称 | 理论简介 | 评述 |
|---|---|---|---|
| 事故因果连锁理论阶段 | 北川彻三事故因果连锁理论[119] | 对事故原因进行更深刻的研究,将学校教育、社会、历史等原因纳入考虑范围 | 考虑到事故产生的原因是多样化的,不应该只关注管理因素 |
| 系统安全理论阶段 | 能量意外释放理论[120] | 由于管理失误导致的人的不安全行为和物的不安全状态及其相互作用,释放出异常或不希望的危险物质和能量,从而导致事故 | 考虑到多因素的相互作用,并且说明可以通过减少能量和加强屏蔽来预防事故 |
| | 轨迹交叉理论[121] | 物的不安全状态与人的不安全行为失误发生轨迹交叉就会引起事故 | 强调人为因素和物的因素对事故发生起着同样重要的作用,但对事故的解释过于简单 |
| | 扰动起源理论[122] | 事故的形成过程是一系列有意识或无意识的事件,指向某种预期或意外的结果连续出现的事件链 | 认为事故开始于连续事件过程中的故障,结束于伤亡或损坏 |
| | 安全Ⅱ:基于韧性理论[123] | 将安全管理从保障安全和关注事情如何出错转向创造安全和关注事情如何顺利开展 | 认为系统安全的目标不仅是消除危险和预防故障,还包括如何最好地开发组织的韧性潜能 |

## 2.2.2 复杂系统理论

复杂系统理论(Complex System Theory,CST)是系统科学研究中的一个前沿方向。研究复杂系统理论的目的是揭示复杂系统中的一些难以用现有科学方法解释的动力学机理。1999 年,*Science* 以"复杂系统"为主题出版了一期专辑,对化学、生物学、神经学、动物学、自然地理、经济学等领域中的复杂性研究进行了刊载。由于学科领域的差异,国内外专家学者对于复杂系统有着不同见解。1994 年,美国 Holland 教授在圣菲研究所成立十周年时提出复杂适应系统理论(Complex Adaptive System,CAS)。目前就复杂性科学这个研究领域来说,CAS 有统领整个复杂性科学之势[124]。Per Bak 认为复杂系统具有巨大变化性,Simon 认为复杂系统由相互间具有复杂作用关联的一系列部件组成,在这种系统中,系统整体的功能或特性不能由各部分的功能或特性简单相加来获得[125-126]。国内学者对复杂系统的关注和研究也比较早。例如，1990年，钱学森、于景元和戴汝为指出复杂系统及其方法论将是一个新的科学研究领域；1997年，戴汝为再次提出复杂系统科学是21世纪的科学[127]。之后很多学者将复杂系统理论应用到经济管理领域[126]。

通常，对于复杂系统的描述是：通过对一个系统的子系统的了解，不能够对系统的性质做出完全解释的系统[128]。复杂系统一般具有如下特征：

①系统规模庞大，内外部关系繁多且错综复杂。

②系统具有非线性的结构。非线性的实质是指系统主体或子系统之间并非单方面的简单线性作用，而是有相互制约和相互依存的复杂的影响关系[129]。复杂系统之所以呈现非线性特征，是因为系统中存在大量的交互作用。另外，系统内主体为争夺资源而相互竞争也是导致非线性的重要原因[130]。

③系统开放性。复杂系统在与外界环境发生相互作用的过程中，能够实现物质、人才、信息和知识等的一系列交换。这种开放的相互作用使复杂系统不断适应环境变化，得以持续发展[125]。

④系统动态性。一个复杂系统由许多个体组成，它们相互之间持续、动态地发生作用，形成了系统的不同层次和规模[131]。

⑤自组织性。复杂系统在没有外部干预或不存在某种中央控制的前提下，内部结构仍然可以进化。如果复杂系统的能力满足一些约束条件，它在与环境之间的复杂相互作用下能够通过自组织过程来发展自己的内部结构[125]。

复杂系统在动力作用下不断演化发展，具有动力学特性。颜泽贤[132]较为全面地阐述了复杂系统的概念、基本特性以及演化的条件、机制和过程，并总结了复杂系统演化的一般原理，是国内学者研究复杂系统演化的必备参考。复杂系统在演化过程中具备动力学行为，用个体的动力学行为来描绘整个复杂系统的演化动态过程也是一种可行的研究方法。这种基于个体的动力学过程一般通过策略更新规则来定义。策略更新规则就是个体根据环境、信息等要素对自己将在系统中采取何种博弈策略进行更新选择的标准[126]。复杂系统内的个体在发展过程中利用不同的策略更新规则，采取一系列不同的动力学行为，从而使得复杂系统的演化呈现出一系列动态、非线性的特征，这就是复杂系统演化动力的具体过程和最终结果。而对于具体的复杂系统演化动力行为和动力因素，在相关研究中也有所涉及,大多数是从博弈论角度入手,以复杂系统内个体间的竞争、合作、学习互动为代表,分析复杂系统的演化。但是,影响复杂系统演化的动力因素是复杂多变的,对于复杂系统演化动力的研究还有待深化。

海上交通运输系统由人员、船舶、环境和管理共4个子系统组成。各子系统之间的复杂关系具有动态性和不确定性。海上交通运输系统的复杂性特征表现如下:

①相关因素多且涉及多重反馈过程。在海上交通运输系统中,"人员"除了包括船员、乘客以外,还包括其他船舶上的人员等交通直接参与者。这些主体都具有主观能动特性,人员系统既会随着其他子系统的变化而实时变化,也会牵动其他系统的状态变化。"船舶"是海上运输的主要载体,船舶的技术状况直接影响着海上运输安全。"环境"是船舶航行的外在基础和客观因素,由于海上环境复杂多变,各水域航道环境具有一定差异性,海上环境会时刻对系统内其他要素产生影响,从而改变它们的特性。"管理"包括对人员、船舶、环境等要素的日常管理以及管理部门自身的监督管理。

②高度的动态性。风险的不确定性、时效性以及关联性是造成海上交通运输系统动态性的突出特性。例如,尽管船员接受过船公司组织的安全培训和应急演练,但是在实际的海上航行过程中,由于突发事件的性质、严重性、可控性和致灾范围不同,需要及时应对各种可能出现的风险,应急处置过程复杂多变。

③子系统间的非线性关系。海上运输安全子系统之间的因果关系不是简单的比例关系。例如,在海上运输过程中,某些航线的航行时间较长,有时会采取增加工作时间的方式来提高运输效率。但是,工作时间的增加极易引起船员疲劳,可能导致不安全行为的出现,进而增加海上事故的发生概率。

综上所述,海上交通运输系统是具有高度动态性和不确定性的复杂系统。系统内任何因素的不可靠、不平衡、不稳定,都可能导致冲突与矛盾,进而产生船员不安全行为。当船员不安全行为逐渐累积到一定的程度,就会诱发海上事故。

### 2.2.3 风险管理理论

目前,风险被广泛接受的定义是指危险、危害事件发生的可能性以及危险、危害事件发生的严重程度的综合度量[46]。风险有4个要素:风险因素、风险事件、风险损失和风险发生概率。风险因素是风险产生的根源,是风险事件发生的可能原因和条件;风险事件是因为风险因素的转化而导致的偶然事件,是导致损失出现的直接原因,只有发生了风险事件才会出现风险损失;风险损失是因为风险事件的发生而对目标产生的不利影响,一般指现实结果与预期目标出现偏离的负面结果;风险发生概率,即风险事件和损失出现的可能性,通过概率计算可以量化风险的发生概率。

风险具有以下几种特性:

①不确定性。不确定性是风险的基本特征,包含两方面含义。一方面是风险事件发生的不确定性,即风险事件是否会发生、会在什么时间发生,这主要是因为人们的认知能力存在不足,无法准确地预测风险发生的状态;另一方面是损失的不确定性,人们无法预知风险事件带来的后果。

②客观性与普遍性。风险是客观存在的,因为导致风险的各种风险因素是客观存在的,人们只能认识风险、管理风险,但不能否认风险的存在。同时,风险是普遍存在于人们的实践活动中的,只要有实践活动,就有风险的存在,因此风险是无处不在、无时不在的,即风险具有普遍性。

③相对性。风险依存于人们的实践活动,本质上来说,没有实践活动也就没有风险。然而,不同的实践活动主体,基于其自身经验和知识的不同,对于风险的认识不同,识别风险的能力也不同。出于不同的目的和角度,不同主体对同一风险的重视程度也存在差异。另外,不同主体对同一风险的承受能力也不同,也就是说风险的大小和后果的严重性对于不同主体是有差异的,即风险的大小和后果是相对的。

④可测量性。风险是不确定的,但客观存在于人们的实践活动中,人们对于风险的认知也是不断深入的。一个新的风险事件发生的可能性和造成的损失的大小也许很难测量,但是随着实践的增多、经验的累积和知识的提炼,人们可以在知识与经验的基础上发现风险的规律,对风险进行认知和分析,测量风险的概率和损失。随着科学技术的发展,现代计量方法和机器学习技术为风险的测量提供了更多的方法和技术支撑。

⑤可变化性。风险是在一种或者几种风险因素的综合作用下导致风险事件发生,进而造成损失。而风险因素是存在于一定的环境之中的,将会随着环境的变化而变化。只有环境引发风险因素达到风险事件的发生条件,才会出现风险,因此风险是可变化的,这也是进行风险研究和风险管理的根本。风险管理的过

## 第 2 章  相关概念界定与理论基础

程就是阻断或者限制风险因素的消极变化,降低风险事件发生的可能性或者减轻风险事件造成的不良后果。

风险管理是一门研究风险生成规则和风险控制技术的管理科学,是指通过有效的风险识别、风险评估、风险预测和风险控制,期望以最小成本来管理风险并适当处理损失的过程[133]。风险管理是一个动态反馈的过程,风险管理程序的执行不是一个由上到下的直线式过程,而是互相联系的循环过程。这种循环式的执行程序体现出风险管理作为企业管理核心内容的连续性特征,这一过程需要对决策进行定期的评价和修正。随着时间的推移和情况发生的变化,可能会产生新的风险,有关风险的可能性和严重性也可能会产生变化,风险控制方法要随之而更新。

风险管理的一般程序分为 4 步:

①风险识别。风险识别是安全风险管理的基础,通常采用调查、比较、分析以及安全系统工程的方法,找出系统中潜在的风险,进行系统、连续的识别和归类,并对风险性质进行分析,探究产生风险事件的原因。

②风险评估。风险评估是对风险发生的概率、损失范围与严重性程度进行估计和衡量,主要关注风险的两个要素及其乘积(风险值)。其中,风险事件的概率可以根据专家经验和历史数据得到;风险严重性需要考虑时间上和经济上的风险程度,大多采用定量分析方法进行测量;风险值是对风险造成的影响的最直接的评估。通过风险评估可以提高对海上交通运输系统的认知,在规划和设计阶段就采取措施防止或避免损失,即使无法完全避免,也能够明确事故风险会带来多大的损失,为海上安全管理的决策、运营以及制定应急计划提供科学依据。

③风险预测。风险预测是结合风险形成与演化机理,在安全管控工作方案制订之前对工作流程和工作结果可能出现的异常进行预测并制定预防事故发生的应对措施[103]。

④风险控制。风险控制是指在风险识别和风险评估的基础上,针对系统中所存在的风险因素采取积极的应对措施,以消除或减轻风险因素的危险性。在事故发生前,降低事故的发生概率;在事故发生后,降低事故造成的经济财产和生命安全的损失。因此,风险控制的本质是降低损失概率或降低损失程度。通过风险控制,企业可以厘清风险的来源、演化过程、潜在破坏机制,进而监督风险

的影响范围以及风险的破坏程度。综合运用各种方法、手段和措施对风险实行有效的控制,采取主动式的安全管理措施行动,尽量减轻风险事件的不利后果,以最小的成本保证运营安全[134]。企业应根据风险评估的结果及经营运行情况等,确定不可接受的风险,制定并落实控制措施,将风险尤其是重大风险控制在可以接受的范围。

风险管理的目标通常包括两部分:事前预警管理目标以及后续的风险控制和应急管理[135]。前者是避免和减少风险事件形成的机会,包括降低运营成本和减轻焦虑心理,而后者则是努力降低损失程度。这两者的有效结合构成了一个完整而系统的风险管理目标,以确保系统的安全状态保持在正常合理的水平之内。在海上运输安全风险管理中,事前预警管理尤为重要,因为事前预警能够从根源上减少海上事故的发生及其带来的人员伤亡和财产损失。海上运输的事前安全风险预警及防范是国家、海事机构及航运公司进行船员行为安全管理的核心任务,应以最科学、经济、合理的方法预防潜在的损失。这要求对船员不安全行为进行全方位的认知,对其风险演化过程进行深入探究,尽早发现并消除各种安全隐患,从而使海上事故的发生概率降到最低。

# 第3章 船员不安全行为及其影响因素认知分析

针对现有的船员不安全行为及其影响因素认知研究大多侧重于特定事故类型和船舶类型等局限性,本章面向5种典型海上事故类型,收集并筛选海上事故调查报告,结合扎根理论方法和改进的 HFACS 模型,系统辨识船员不安全行为及其影响因素,建立船员不安全行为及其影响因素分析和分类模型;进而,建立船员不安全行为与影响因素数据集,对船员不安全行为及其影响因素进行特征统计分析;然后,利用 Éclat 算法,挖掘船员不安全行为与影响因素之间的频繁项集,探究船员不安全行为的风险关联模式。

## 3.1 船员不安全行为及其影响因素认知方法

### 3.1.1 扎根理论方法

作为社会科学的主流研究范式,质性研究为研究者探索社会现象提供了一种有效的研究方法。目前,具有代表性的质性研究方法包括扎根理论、参与性观察、民族志、案例研究和现象学等。每种方法都有自己的特点和优势,其侧重点也有所不同。在这些相对有代表性的质性研究方法中,扎根理论方法无疑是最突出的,也是大多数质性研究经常使用的方法。这种方法的突出优势在于其具有相对系统性和规范性,分析过程具有科学性和严谨性。通过扎根理论获得的结果深深扎根于原始数据之中,并且所有研究过程都可以回溯查阅,能够支持反复测试[136]。扎根理论源于美国科学家 Glaser 和 Strauss 于1967年出版的《扎根理论之发现:质化研究的策略》一书,是指在没有任何前提假设的情况下,研究人员基于想要解决的问题进行资料收集,在一套系统化的流程中使用归纳、比较、论证、理论构建等方法对所得资料进行分析,最后得出相关结论或理论的一种质性研究方法[137]。与量性研究的自上而下直线式的思维相反,扎根理论是自下而上螺旋式的研究思维。扎根理论认为,任何理论想要具有充分性,就不能脱离构建理论的过程。这种方法强调在理论研究过程中,应直接从实际活动的实践观察出发,摒弃现有的理论假设,通过收集和整理原始资料,经过系统化的数据分析过程,归纳出能够真实反映社会实践现实的理论,即"通过定性方法建立理论"。

扎根理论方法具有一套系统化的特定流程,包括现象定义、数据收集、三级编码和饱和测试,然后形成最终理论[136],如图3-1所示。三级编码是数据分析的核心阶段,包括以下步骤:

①开放式编码。开放式编码要求研究人员以开放的心态深入分析原始数据,主要分为两个阶段:概念化分析和分类分析。概念化分析包括分解事故报告的内容,用更精练的句子表达原始句子的含义,从而对原始数据进行概念化。然而,通过概念分析获得的概念较为分散,需要对相似的概念进行聚类。分类分析的目的就是确定上述概念之间的关系,并进一步将其归纳为范畴。

②主轴编码。主轴编码是对开放式编码生成的范畴进行聚类,建立不同范畴之间的相关性,形成更大的范畴,即主范畴。

③选择性编码。选择性编码旨在主轴编码的基础上阐明主范畴之间的关系,抽象出能够概括所有类别的核心范畴,并通过描述现象的故事情节来梳理核心范畴与主范畴之间的关系。

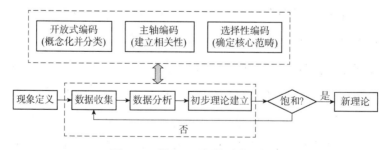

**图3-1 扎根理论的分析流程**

扎根理论方法自提出以来一直受到各领域研究人员的关注,已被广泛应用于社会学[138]、心理学[139]等研究领域。在应用过程中,扎根理论也得到了不断

第3章 船员不安全行为及其影响因素认知分析

的完善和发展。近年来,扎根理论作为一种识别风险因素的新方法,被引入风险管理领域。例如,在核电领域,利用扎根理论对核电项目的社会稳定因素进行探究[140],以及对核电产业发展面临的机遇和风险展开研究[141]。

基于扎根理论方法的优势以及应用范围和发展趋势,该方法可以被用于风险识别研究,对于丰富风险管理方法、优化风险因素的研究过程具有重要意义。虽然扎根理论是一种质性分析方法,但它深深扎根于原始数据,从现实中发现问题[142]。在这种情况下,通过将扎根理论方法与事故致因分析模型相结合来确定船员不安全行为及其影响因素,建立船员不安全行为及影响因素分析和分类模型,是减少不确定性的可能途径。然而,扎根理论在海上事故中船员不安全行为领域的应用研究仍然十分有限。为了更加系统全面地认知船员不安全行为及其影响因素,深入探究船员不安全行为及其影响因素的风险交互过程,本章基于海上事故调查报告,结合国内外海事机构文件,采用程序化扎根理论方法对船员不安全行为及其影响因素展开系统认知分析。

### 3.1.2 改进的 HFACS 模型

本章提出了一种基于人为因素分析和分类系统(HFACS)的改进模型,并将其引入扎根理论编码过程中,促进主轴编码和选择性编码的实施。选择这一方法的依据是国际海事组织利用 Reason 的"瑞士奶酪"(Swiss Cheese)模型作为海上人为因素事故调查的指导方法[11]。然而,Reason 的模型中没有提供人为因素的分类方法。HFACS 模型是专门为补充 Reason 的模型而开发的[31],已经成为最广泛使用的人为因素事故分析模型之一,成功应用于航空[143]、煤矿[144]和建筑[145]等领域的人因事故分析。Liu 等[144]表示在采用 HFACS 模型分析不同行业安全事故时,应该根据行业特点对 HFACS 模型进行改进。原始的 HFACS 模型由 4 个层次组成,分别是组织影响、不安全监督、不安全行为前提条件、不安全行为[31],且高层次要素对低层次要素的发生具有影响作用。

针对海上事故中的船员不安全行为,本书将原始模型中的"不安全行为"改为"船员不安全行为",提出了由 5 个层次和 15 个要素组成的改进的 HFACS 模型。根据国际海事组织对不安全行为的定义,即"在存在危险或潜在不安全情况下发生的失误或违规行为"[11],船员不安全行为的分类依然是失误和违规,由于事故报告很难区分船员日常违规或异常违规的行为,因此统一归类为违规行为。

此外，考虑到在 HFACS 模型中，高层次要素对低层次要素的发生具有影响作用，例如，不安全监督层面的要素可能导致不安全行为前提条件层面的要素发生，因此，对传统的不安全行为前提条件进行改进，将客观存在的环境因素单独建立一层，包括外部环境和内部环境。然后，将其余要素分为团队管理不充分和船员不安全状态，以此提升模型层次间的逻辑合理性。需要注意的是，改进模型中的不安全监督仅针对船公司以及船舶上负有安全管理责任的人员出现监督不充分、运作不恰当、纠正错误失败以及监督违规等行为。组织影响也仅针对船公司内部的资源管理、组织氛围和组织过程。表 3-1 对改进的 HFACS 模型进行了详细描述。

**改进的 HFACS 模型描述**　　　　　　　　　　表 3-1

| 层次 | 模型要素 | 描述 |
| --- | --- | --- |
| 组织影响 | 资源管理 | 包括有关船公司组织资产（如人员、资金、设备和设施）分配和维护的企业级决策领域 |
| | 组织氛围 | 船公司内部的工作氛围，包括组织文化、政策和结构 |
| | 组织过程 | 管理船公司内部日常活动的公司决策和规则，包括建立、使用标准操作程序，以及维持对劳动力监督的正式方法 |
| 不安全监督 | 监督不充分 | 船公司以及船舶上负有安全管理责任的人员未能识别和控制风险，未提供指导、培训或监督，由此产生不安全情况 |
| | 运作不适当 | 船公司以及船舶上负有安全管理责任的人员未能充分评估船舶运作计划，由此产生不安全情况 |
| | 纠正错误失败 | 船公司以及船舶上负有安全管理责任的人员未能纠正存在已知缺陷的文件、流程、程序，或未能纠正船员的不适当、不安全行为而造成不安全情况 |
| | 监督违规 | 船公司以及船舶上负有安全管理责任的人员故意无视指示/指导管理组织资产的规则或操作说明而造成不安全情况 |
| 环境因素 | 外部环境 | 影响船员行为的外部自然环境因素和技术环境因素 |
| | 内部环境 | 影响船员行为的船舶内部环境因素 |
| 不安全行为前提条件 | 团队管理不充分 | 船舶的驾驶台团队管理不充分，包括沟通协作不畅、开航准备工作不充分以及驾驶台资源利用不充分 |
| | 船员不安全状态 | 不安全的船员状态，包括不安全的精神、生理、心理等因素 |

续上表

| 层次 | 模型要素 | 描述 |
|---|---|---|
| 船员不安全行为 | 技能失误 | 当注意力、记忆力和知识缺陷出现时,由于低/无意识引起的技能失误行为 |
| | 决策失误 | 为实现目标而对设计的或正在进行的行为进行不当或不充分的选择 |
| | 感知失误 | 由于视觉、听觉、认知或注意力缺陷导致的感知失误行为 |
| | 违规 | 有意识地忽视或违反规则和规定的行为 |

### 3.1.3 关联规则技术

机器学习技术也是一种减少不确定性的有效方法。关联规则(Association Rule, AR)是机器学习中的重要组成部分,主要目的在于揭示隐藏在大量数据间的相互关系[146]。为了描述和提取数据中的潜在关系,关联规则技术已广泛应用于地铁工程[87]、航空[103]和道路交通[146]领域。由于使用关联规则技术对样本数据是否服从正态分布或是否满足相关检验没有要求,因此该技术具有更强的适应性[103]。关联规则技术的相关概念如下:假设 $I=\{i_1,i_2,\cdots,i_n\}$ 是项(item)的集合,项集的长度指一个项集中包含的项目个数,长度为 $k$ 的项集被称作 $k$ 项集。给定一个事务数据库 $T=\{t_1,t_2,\cdots,t_n\}$,其中每个 $t$ 是 $I$ 的非空子集。关联规则表示为 $X \to Y$,其中 $X \subset I, Y \subset I, X \cap Y = \phi$。$X$ 为前置条件(LHS),$Y$ 为后置条件(RHS)。每个关联规则通过支持度(support)、置信度(confidence)和提升度(lift)进行识别[146],计算公式如下[147]:

$$\text{support}(X \to Y) = P(X \cup Y) \tag{3-1}$$

$$\text{confidence}(X \to Y) = P(Y/X) \tag{3-2}$$

$$\text{lift}(X \to Y) = P(Y/X)/P(X \cup Y) \tag{3-3}$$

规则 $X \to Y$ 的支持度代表数据集同时包含 $X$ 和 $Y$ 的概率[148]。置信度用来衡量 $Y$ 发生的情况下 $X$ 发生的概率,即条件概率。它是衡量关联规则可信度的一种有效途径[146]。如果规则大于或等于最小支持度和最小置信度,则将其视为强关联规则[149]。提升度表示 $X$ 发生时 $Y$ 发生变化的概率,用以表征前置条件和后置条件的关联程度,可以避免伪强关联规则的干扰,防止无效关联规则出现在最终结果中。当提升度大于1时,关联规则才被认为是有效的强关联规则[150]。这三个阈值是根据数据挖掘的需要人为设置的[151-152]。

关联规则按照不同的分类方式可分为多种类别。根据处理变量的类别,可以分为布尔型与数值型;根据样本数据涉及的层次,可以分为单层关联规则与多层关联规则;根据处理数据的维度,可以分为单维关联规则和多维关联规则[153]。典型的关联规则挖掘算法主要有 Apriori、FP-Growth、Éclat 三类。然而不管是哪一种算法,基本的关联规则挖掘步骤都是一致的,主要分为两个步骤:挖掘频繁项集和生成关联规则[154]。首先,从数据库中找出所有频繁项集。如果一个项集的支持度大于或等于最小支持度,则称为频繁项集(Large Itemset)。一个满足上述条件的 $k$ 项集,称为频繁 $k$ 项集(Large $k$)。然后,计算频繁项集的置信度,若置信度大于或等于最小置信度,则称为强关联规则。

Éclat 是一种用于搜索垂直数据格式中的频繁项集的经典算法。它基于深度优先搜索策略,将事务数据库读入内存,然后将其转换为垂直数据结构进行存储[150],其中每一条记录由项目列表及其出现过的所有事务记录组成(TID 集),如图3-2所示。

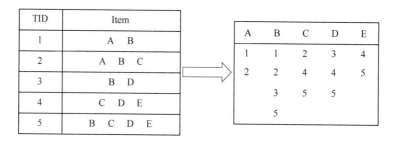

**图 3-2 垂直数据结构示意图**

Éclat 算法的核心思想是,在概念格理论的基础上,利用基于前缀的等价关系将搜索空间划分为较小的子空间,各子空间采用自下而上的搜索方法独立产生频繁项集[155]。根据 Bernus 等人[156]的研究,当研究关注于数据集中隐含的长模式时,Éclat 算法表现更好。因此,本章采用 Éclat 算法挖掘船员不安全行为及其影响因素之间的频繁项集。算法的主要流程如图3-3所示。

①首先扫描数据库 $T$,将水平格式的数据转换为垂直数据格式 $T'$ 来存储数据,项集的支持度等于该项集在 TID 集中的长度。

②从 $k=1$ 开始,通过频繁 $k$ 项集的 TID 集的交集来生成候选($k+1$)项集。

③删除支持度小于最小支持度的候选($k+1$)项集,得到频繁($k+1$)项集。
④重复该过程,直到交集为空,算法结束。

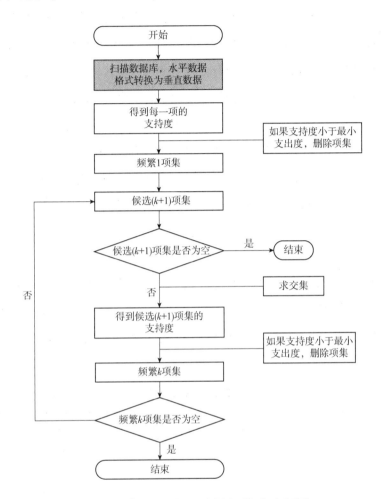

图 3-3　Éclat 频繁项集挖掘算法流程图

## 3.2　基于扎根理论的船员不安全行为及其影响因素分析和分类模型

为了能够系统化地认知海上事故中涉及的船员不安全行为及其影响因素,本章从探索性的质性研究视角出发,运用扎根理论方法深入梳理、分析海上事故报告,系统辨识船员不安全行为及其影响因素,利用改进的 HFACS 模型,建立船员不安全行为及影响因素分析和分类模型。

### 3.2.1 研究数据收集

官方发布的海上事故调查报告被广泛认为是能够获得客观全面的海上事故信息的可靠来源[157]。为了确保海上事故调查报告的权威性和时效性,本书通过查找主要海事事故调查机构官方网站,对公开的海上事故调查报告进行数据收集,包括中国国家海事局(MSA)、美国国家交通安全运输委员会(NTSB)、英国海事调查局(MAIB)、瑞典事故调查局(SHK)、澳大利亚交通安全运输委员会(ATSB)、日本运输安全委员会(JTSB)和韩国海难安全审判院(KMST)7个官方机构,时间范围是2011年至2020年。截至2021年10月,共收集到538份海上事故调查报告。然后,遵循"国家代码+事故类型的拼音首字母+序号"的原则,对收集到的海上事故报告进行编号。附录中提供了这些海上事故报告的基本信息。

为了保证海上事故报告中涉及船员不安全行为,本章对收集到的海上事故报告进行初步筛选,将由于恶劣天气或船舶故障等客观因素直接导致的海上事故移除。最终,得到476份海上事故调查报告可用于后续分析,事故报告的基本统计信息见表3-2。

海上事故报告基本统计　　　　表3-2

| 年份 | 碰撞 | 搁浅 | 触碰 | 自沉 | 火灾/爆炸 |
|---|---|---|---|---|---|
| 2011年 | 5 | 8 | — | 1 | 1 |
| 2012年 | 3 | 5 | — | 2 | 4 |
| 2013年 | 2 | 11 | — | 4 | 1 |
| 2014年 | 8 | 4 | 2 | 4 | 2 |
| 2015年 | 47 | 11 | 6 | 4 | 5 |
| 2016年 | 41 | 15 | 9 | 9 | 8 |
| 2017年 | 39 | 12 | 10 | 4 | 3 |
| 2018年 | 56 | 16 | 14 | 7 | 8 |
| 2019年 | 28 | 11 | 23 | 1 | 3 |
| 2020年 | 11 | — | 3 | 3 | 2 |
| 总计 | 240 | 93 | 67 | 39 | 37 |

## 第 3 章 船员不安全行为及其影响因素认知分析

### 3.2.2 船员不安全行为及其影响因素的扎根编码过程

基于筛选后的 476 份海上事故报告,本章按照扎根理论的编码流程进行数据整理,即开放式编码—主轴编码—选择性编码,以确保整个研究的可信性和可靠性。本书借助质性分析软件 Nvivo 11 plus 对数据资料进行编码。该软件是为了帮助研究者整理、洞察、探索非结构化或质性数据而设计的,被广泛应用于内容分析、行为研究、访谈调查等研究。此外,本章在进行扎根分析的过程中,引入了第 3.1.2 节提出的改进的 HFACS 模型,借助该模型的分类特性,促进扎根理论编码过程的实施。

(1)开放式编码

作为扎根理论实施的第一个环节,在开放式编码环节中需要对原始事故报告资料进行适当处理,删除报告中一些明显冗余的、无实际意义的修饰性词语。然后,对事故报告内容进行切割,对切割后的词汇、语句和段落逐一赋予一定的概念标签,再通过反复比较得出相关概念,进而对所得概念间的关系进行分析,试图找出它们的关联性和差异性,并以此对概念进行重新聚类组合从而形成相应的范畴。本章在对海上事故报告进行编码时,围绕着海上事故风险这一主线,重点关注船员不安全行为及其影响因素的相关信息。同时,为了尽可能减少编码过程中的主观干扰,编码过程中生成的概念都是基于事故报告的原文,比如用原文命名概念或是从原文中抽象出相应的概念。表 3-3 和表 3-4 分别列举了原始事故报告中涉及船员不安全行为以及影响因素的概念化与范畴化的分析结果,共得到 31 个船员不安全行为范畴以及 38 个影响因素范畴。

**船员不安全行为的开放式编码结果** 表 3-3

| 报告来源 | 原始事故报告内容 | 概念化 | 初始范畴 |
| --- | --- | --- | --- |
| CHNPZ139 | "交班二副在两船存在碰撞危险的情况下,将航行值班交给接班人员且仅对本轮的船位进行交接,未将在值班期间遇到的碰撞危险告知接班员。" | 交接班不充分 | 未按要求交接班 |
| CHNPZ3 | "该轮长期不按照公司体系文件规定的时间进行交接班,交接班时间基本提前约 1 个小时。" | 未遵守交接班规定 | |

续上表

| 报告来源 | 原始事故报告内容 | 概念化 | 初始范畴 |
|---|---|---|---|
| CHNGQ1 | "在没有使用安全绳、穿工作鞋等适当的保护措施的前提下,穿着救生衣和拖鞋就前往主甲板左舷进行边舱作业。" | 船舶作业时未使用适当的防护措施 | 船舶作业时未穿戴或正确使用防护用品 |
| CHNPZ193 | "船员在甲板协助瞭望时未穿着救生衣。" | 未穿着防护用品 | |
| CHNPZ43 | "船长在船舶航行、锚泊期间未保持AIS处于正常工作状态,给他船识别避让造成困难。" | 助航仪器未保持常开 | 未保持助航仪器处于常开工作状态 |
| CHNPZ19 | "该船离番路搅拌站码头起航后,擅自关闭AIS。" | 擅自关闭助航仪器 | |
| CHNPZ56 | "该轮仅大副1人在驾驶台值班,违反了《STCW公约》第八章有关禁止在夜间单人值班的强制性规定。" | 夜间独自值班 | 驾驶台配员等级不满足值班要求 |
| CHNPZ31 | "该轮船长从28日20时50分(两船相距2.3海里左右)在驾驶台无人值守的情况下擅自离开,至20时59分30秒(两船相撞),该轮驾驶台始终无人值班。" | 驾驶台无人值班 | |
| UKPZ8 | "能见度不良时,未按照安全管理体系增加瞭望员。"(英译) | 能见度不良时未按规定做好安全保障 | 能见度不良时未做好安全保障措施 |
| CHNGQ2 | "未落实公司船舶停泊值班制度,未出船舱进行例行巡视。" | 未落实停泊值班制度 | 未充分履行停泊值班安全职责 |
| UKGQ31 | "大副没有监控船舶的位置,直到VTS(船舶交通管理系统)发出警报后才知道船舶走锚。"(英译) | 停泊值班疏忽 | |
| UKGQ25 | "船舶航行过程中,船员在驾驶舱喝酒聚会。"(英译) | 值班时饮酒 | 值班时或值班前4小时内饮酒 |
| UKGQ27 | "船长在值班前大量饮酒。"(英译) | 值班前饮酒 | |
| USGQ11 | "Day Islanz号渔船搁浅的原因是船长在操作时因急性疲劳而睡着。"(英译) | 值班人员在驾驶台睡着 | 值班人员在驾驶台睡着 |
| UKGQ22 | "值班人员可能间歇性睡着。"(英译) | 值班人员睡着 | |

## 第3章 船员不安全行为及其影响因素认知分析

续上表

| 报告来源 | 原始事故报告内容 | 概念化 | 初始范畴 |
|---|---|---|---|
| CHNHZ1 | "明火作业程序违反了安全管理体系文件规定。" | 明火作业违反规定 | 违反船舶作业规程 |
| CHNHZ11 | "船员未遵循《油轮油码头安全作业规程》的规定。" | 违反安全作业规程 | 违反船舶作业规程 |
| CHNHZ15 | "事发前船舶在未落实通风、测爆及相关安全防护的情况下,方某直接组织从事甲板除漆作业,从而导致事故发生。" | 违规从事甲板作业 | 违反船舶作业规程 |
| CHNGQ12 | "航行中未及时定位并调整航向导致偏航是涉事船舶搁浅事故的直接原因。" | 未核对船位和航向 | 值班人员未按规定核对航向、船位 |
| CHNCP8 | "未经常核对自身船位,将船位保持在预定航线上。" | 疏于核对船位 | 值班人员未按规定核对航向、船位 |
| CHNGQ4 | "大副在值班过程中未按照安全管理体系要求,及时核查船舶航行及计划航线情况。" | 未及时核查计划航线 | 值班驾驶员未及时核对计划航线 |
| SWEGQ1 | "既没有执行计划航线,也没有正确检查当前航线。"(英译) | 未检查计划航线 | 值班驾驶员未及时核对计划航线 |
| CHNPZ95 | "值班水手操舵失误。" | 值班水手操舵失误 | 值班水手操舵失误 |
| CHNPZ24 | "未有效利用雷达等助航设施。" | 未有效利用助航仪器 | 未充分利用助航仪器 |
| UKGQ7 | "没有有效地使用助航设备来确保始终保持警惕和有效的值班。"(英译) | 未有效使用助航仪器 | 未充分利用助航仪器 |
| CHNGQ6 | "由于船长对船上电子海图的局限性认识不足,盲目相信GPS海图仪提供的航行信息,没能发现海图仪中浅滩位置存在偏差,致使船舶误入浅滩造成搁浅。" | 过度依赖助航仪器 | 过度依赖助航仪器 |
| UKPZ6 | "船长完全依赖AIS进行避碰分析。"(英译) | 完全依赖助航仪器 | 过度依赖助航仪器 |

续上表

| 报告来源 | 原始事故报告内容 | 概念化 | 初始范畴 |
|---|---|---|---|
| CHNPZ59 | "'海神浚2'轮显示错误的号灯。" | 显示错误号灯 | 未正确显示号灯号型 |
| CHNPZ47 | "该轮未正确显示锚泊号灯,影响了过往船舶对其锚泊状态的正确判断。" | 未正确显示锚泊号灯 | |
| CHNPZ102 | "未使用五短声的号笛信号对这种怀疑进行警示。" | 未发出声响信号 | 未正确发出声响和灯光信号 |
| CHNPZ35 | "该船未按规定鸣放灯光、声响信号。" | 未发出灯光和声响信号 | |
| CHNPZ103 | "没有使用适合当时环境和情况下一切有效手段保持正规瞭望。" | 未使用有效手段保持正规瞭望 | 未保持正规瞭望 |
| CHNPZ9 | "该船在初次发现来船后,未采取有效手段保持正规瞭望,对来船的动态没有保持连续的观察、观测。" | 未保持正规瞭望 | |
| CHNPZ18 | "'恒盛688'轮过弯时操纵不当,船长在舵效减弱时未及早采取加车和操大舵角以提高舵效的措施。" | 控制船位不当 | 未控制好船位 |
| CHNPZ168 | "'苏华民货6688'轮在离泊作业时船位控制不当,他船发生碰擦。" | 未控制好船位 | |
| CHNCP3 | "船舶在事发当日选择避风锚泊水域时,未能充分估计该水域受风流影响而存在的走锚触碰码头及引桥的风险。" | 锚泊水域选择不当 | 锚泊位置选择不当 |
| CHNGQ26 | "没有考虑到寒潮大风可能造成船舶走锚,选择的抛锚地点过于靠近岸边礁石。" | 抛锚地点选择不当 | |
| CHNZC10 | "大风浪中,货舱进水,船长应急操纵不当。" | 应急操纵不当 | 应急处置措施不当 |
| CHNZC13 | "防台准备工作不到位,大风浪期间未采取必要的应急措施。" | 未采取必要的应急措施 | |
| CHNPZ16 | "该轮船长在发现舵机故障后,未及时进行液压泵站切换以恢复舵效。" | 未及时采取应急措施 | |

## 第3章 船员不安全行为及其影响因素认知分析

续上表

| 报告来源 | 原始事故报告内容 | 概念化 | 初始范畴 |
|---|---|---|---|
| UKPZ10 | "大副不听三副和VHF(甚高频无线电)发出的警告,仍然继续改变船舶航向。"(英译) | 忽视警告 | 忽视报警信号或警告 |
| CHNGQ7 | "尾随前船进港未保持与前船安全距离,未按照海员通常做法保持船位'上风上水',操纵船舶一直沿航道外缘(下风舷)航行。" | 未遵循海员通常做法 | 未遵循海员通常做法/习惯航法 |
| CHNGQ3 | "大副未严格执行经批准的航线计划,未遵守船长对航线设计和夜航命令的批注要求。" | 未严格执行航线计划 | 未严格执行计划航线 |
| CHNCP2 | "临时改变计划航线、不按规定航路航行,驶入非通航水域是事故发生的重要原因。" | 改变计划航线 | |
| CHNPZ135 | "该船航经事故水域时,没有充分考虑当时通航环境的交通密度,包括渔船或者任何其他船舶的密集程度,进而使用适合当时环境和情况的安全航速。" | 未采用安全航速 | 未采用安全航速 |
| CHNCP17 | "船舶在离泊过程中,未采用安全航速,导致船舶不能在适合当时环境和情况的距离以内把船停住。" | 未采用安全航速 | |
| CHNPZ100 | "该轮未及早采取减速、停车或倒车把船停住,和/或大幅度转向,以及其他有效的避碰行动,以避免碰撞。" | 未及早采取有效的避碰行动 | 未及早地采取有效的避碰行动 |
| CHNPZ10 | "该船在发现与渔船存在碰撞危险后,大副对航向的调整做了一连串的忽左忽右的小改变。" | 未采取大幅避碰行动 | |
| CHNPZ40 | "避让幅度不够,也未认真核查避让行动的有效性,导致未能在安全距离避让。" | 未核实避碰行动效果 | |
| CHNPZ100 | "处于狭水道弯头水域航行,未能做到尽量靠近本船右舷的该水道外缘行驶。" | 未遵守狭水道航行规则 | 未遵守狭水道等特殊水域航行规则 |
| CHNPZ173 | "'华通306'轮在黄浦江口门处采取的连续大幅度的操纵行动,造成与多艘出口船舶形成碰撞危险,违反了《长江上海段船舶定线制规定》第二条的有关规定。" | 未遵守定线制航行规则 | |

续上表

| 报告来源 | 原始事故报告内容 | 概念化 | 初始范畴 |
|---|---|---|---|
| CHNCP9 | "在船舶通过虎坑大桥前,未对船舶自身水面距离船舶最高点的高度进行精确核准,也未认真查看当时虎坑大桥通航孔的通航净空高度倒水尺,在船舶水面高度远大于桥梁通航净高的情况下,仅凭目测及个人经验盲目通过是导致事故发生的主要原因。" | 未遵守桥区水域航行规则 | 未遵守狭水道等特殊水域航行规则 |
| CHNPZ107 | "该轮作为局面中的让路船,未能及早采取有效措施给直航船让路,并尽可能早地采取大幅度的行动宽裕地让清他船。" | 让路船未及早采取避让行动 | 未遵守船舶在互见中的行动规则 |
| CHNPZ101 | "该轮发现来船后,直至碰撞发生前一直保速保向。在发现本轮不论由于何种原因逼近到单凭让路船的行动不能避免碰撞时,也未采取最有助于避碰的行动。" | 直航船未及早采取有效协助避让措施 | |
| CHNPZ20 | "在两轮形成碰撞危险对遇局面的情况下,错误地采取向左转向的避碰行动。" | 会遇局面下,采取错误的避碰行动 | |
| CHNPZ22 | "未遵守能见度不良时避让要求。该轮在能见度不良时未按规定鸣放声号,未使用甚高频电话周期性地通报本船船位和动态,不利于对方船舶及早发现本船。" | 未遵守能见度不良时避让要求 | 未遵守船舶在能见度不良时的行动规则 |
| CHNPZ195 | "未遵守船舶在能见度不良时的行动要求。事发时该轮在能见度不良情况下冒雾开航,同时未按规定发出声响信号。" | 未遵守船舶在能见度不良时的行动要求 | |
| CHNCP14 | "船长戒备疏忽,在禁锚区内挂右锚半节入水航行,是造成本起事故的另一原因。" | 戒备疏忽 | 未尽到当时特殊情况下所要求的戒备 |
| CHNPZ142 | "在通航密度较大、通航环境较复杂水域航行,没有做到谨慎驾驶。" | 未谨慎驾驶 | |

## 第 3 章 船员不安全行为及其影响因素认知分析

续上表

| 报告来源 | 原始事故报告内容 | 概念化 | 初始范畴 |
|---|---|---|---|
| CHNCP4 | "'鲲展'轮由于选择涨潮急流时段离泊,船长对风流影响船舶操纵的程度估计不足。" | 对风流影响船舶操纵的程度估计不足 | 未充分估计当前环境对船舶操纵的影响 |
| CHNPZ167 | "未能充分考虑本船右侧靠近涂泥咀,可供实施大角度右转避让水域的局限性,也未考虑急涨流时船舶大幅度转向的风险。" | 未充分考虑潮汐流对船舶转向的影响 | |
| CHNCP13 | "船长虽然发现当前船位已处于海底电缆禁锚区内,却未能对存在的系统风险进行充分考虑。" | 未对当时危险局面进行充分考虑 | 未能对当时危险局面做出充分估计 |
| CHNPZ111 | "未采取有效的手段对当时的局面和碰撞危险做出充分的估计和准确的判断。" | 未对当时危险局面做出充分估计 | |

船员不安全行为影响因素的开放式编码结果　　　　表 3-4

| 报告来源 | 原始事故报告内容 | 概念化 | 初始范畴 |
|---|---|---|---|
| SWEGQ3 | "这艘船没有配备适合本次航行的海图。"(英译) | 未配备航行必需资源 | 设备配置不充分 |
| UKGQ24 | "值班报警装置无效并且在事故发生时可能没有起作用。"(英译) | 设备配置存在缺陷 | |
| UKCP2 | "驾驶室设备的布局导致大副在回放 VHF 信息时无法保持适当的瞭望。"(英译) | 驾驶室的设备布置存在缺陷 | |
| CHNPZ78 | "L 轮未按主管机关要求持有有效的船舶证书。" | 未持有有效的船舶证书 | 船舶适航证书无效 |
| CHNPZ98 | "适航证书过期失效,船舶不适航。" | 适航证书过期失效 | |
| CHNGQ23 | "船长第一次驾驶船舶进靠东洲码头,对该航道、港池、通航环境不熟悉。" | 不熟悉事故水域 | 教育培训不足 |
| CHNPZ83 | "在操纵船舶和避让渔船方面缺乏经验。" | 缺乏航行经验 | |
| CHNCP29 | "船公司没有组织'粤明达 09'船船员进行安全培训和学习公司管理制度及应急预案。" | 缺少安全教育培训 | |

续上表

| 报告来源 | 原始事故报告内容 | 概念化 | 初始范畴 |
|---|---|---|---|
| CHNPZ130 | "事发时缺少一名大管轮,存在配员不足。" | 配员不足 | 配员数量不足 |
| CHNPZ151 | "该轮《船舶最低安全配员证书》要求配备职务船员8人,本航次实配5人" | 配员数量不足 | |
| CHNCP21 | "事发时,'浙普拖69'轮在船人员共4人,只有1名大副持有合格的适任证书,船员不适任是事故发生的间接原因。" | 船员不适任 | 适任能力不足 |
| CHNPZ34 | "两人均未接受有关海上安全培训。" | 未经过专业技能培训 | |
| CHNCP23 | "事故发生时,公司并不清楚'粤友联68'轮事故情况,也没有注意接收相关的航行警告。公司在安全信息收集、传递方面存在不足。" | 公司信息传递不足 | 公司信息传递不畅 |
| CHNGQ6 | "公司没有制定相应的体系文件明确电子海图,特别是未经主管机关认可的电子海图产品的使用限制。" | 公司体系文件缺陷 | 公司操作规程/规章制度不规范 |
| CHNGQ19 | "船长没有对二副设计的航线进行审核,没有发现设计的航线从距离只有0.66海里的两个礁石之间贴着三礁边沿通过。" | 未审核航线计划 | 未审核航线计划 |
| CHNPZ83 | "船长未能有效履行对其监督和指导的职责。" | 未有效履行监督指导职责 | 缺少监督指导 |
| CHNHZ16 | "船长疏于对轮机部设备日常维护保养检查的监督检查,没及时发现轮机部存在日常维护保养检查不到位的情况并督促其整改。" | 缺少监督检查 | |
| CHNPZ112 | "船舶检验证书核定航区为内河A级,该船超过核定航区航行从事海上经营运输。" | 超核定航区航行 | 超核定航区航行 |
| CHNPZ143 | "公司的日常安全管理不到位,安全管理主体责任未落实。" | 安全管理不到位 | 安全管理不到位 |
| CHNCP28 | "船公司虽然建立运行安全管理文件,但安全管理文件没有得到有效贯彻执行,公司对船舶的安全管理不到位,船舶的安全生产无法得到保障。" | 安全管理不到位 | |

## 第3章 船员不安全行为及其影响因素认知分析

续上表

| 报告来源 | 原始事故报告内容 | 概念化 | 初始范畴 |
|---|---|---|---|
| CHNCP24 | "该轮的关键性设备日常维护保养不到位。" | 维护保养不到位 | 检查维护不当 |
| CHNCP8 | "'新晨光20'轮事故航次并未按要求提前制定航行计划,且未在纸质海图上标绘预定航线。" | 未按要求制定航线计划 | 航线计划不当 |
| CHNCP14 | "在制定计划航线时,选择的转向点不合理,转向时机过早。" | 航线计划不当 | |
| CHNGQ11 | "超载运输导致船舶吃水增大,加大了船舶航经浅水区域的搁浅风险。" | 超载 | 货物条件缺陷 |
| UKZC6 | "Sally Jane 倾覆是由于其左舷和右舷拖网内容物的重量差异导致横向稳定性丧失。"(英译) | 货物摆放不当 | |
| CHNPZ41 | "该轮船长对此熟视无睹,未及时纠正和制止,管理上存在过失。" | 船长未及时纠正错误行为 | 管理人员未纠正错误 |
| CHNGQ17 | "船长未遵守公司严禁携带家属、亲友随船航行的规定,允许未成年人随船航行。" | 船长未遵守公司管理规定 | 管理人员无视安全管理规定 |
| CHNPZ127 | "采取了 VHF 呼叫等协调避让措施,但均未得到'平南永佳0968'船回应。" | 船舶间未取得联系 | 船舶间沟通不畅 |
| CHNPZ155 | "'D'轮与'H'轮双方缺乏有效沟通。" | 船舶间缺乏有效沟通 | |
| CHNCP1 | "船舶与码头未建立畅通船岸联系是事故原因之一。" | 未建立畅通船岸联系 | 船岸沟通不畅 |
| UKPZ1 | "岸上的 VHF 干预由于用语不规范,无意中影响了'Paula C'值班驾驶员的决策,并促使他转向。"(英译) | 用语不当导致船岸沟通失误 | |
| CHNPZ58 | "驾驶台团队之间缺乏有效的信息沟通。" | 团队缺乏有效沟通 | 团队沟通不畅 |
| SEWGQ3 | "驾驶室航行值班报警系统(BNWAS)已经关闭,这本可以防止船长入睡,或者至少提醒其他船员。"(英译) | 驾驶台资源未充分利用 | 驾驶台资源未充分利用 |

续上表

| 报告来源 | 原始事故报告内容 | 概念化 | 初始范畴 |
|---|---|---|---|
| CHNGQ25 | "起航前没有认真查看海图,对将要行驶的航路中礁石等碍航物,没有在海图上识读,对整个值班行驶没有思想上的准备。" | 未充分做好开航准备工作 | 未充分做好开航准备工作 |
| UKGQ21 | "大副胃痉挛昏倒。"(英译) | 突发身体状况 | 突发身体状况 |
| UHGQ16 | "由于新晋升的大副紧张和/或缺乏信心,导致转弯起步较晚。"(英译) | 紧张 | 情绪状态不良 |
| UKPZ7 | "不断发展的危险趋势对值班人员来说将是一种压力。在这种情况下,不采取行动(或'避免决策')可以减轻压力。"(英译) | 压力 | 压力 |
| USGQ7 | "GORDON JENSEN 搁浅是驾驶员受处方止痛药、非处方感冒药、酒精的综合影响。"(英译) | 酒精药物影响 | 酒精药物 |
| CHNHZ4 | "火灾安全意识淡薄。" | 安全意识淡薄 | 安全意识淡薄 |
| UKGQ28 | "当船熄火时,由于驾驶台团队协作不足,船长的认知能力过载,并失去了态势感知。"(英译) | 态势感知缺失 | 态势感知缺失 |
| CHNPZ130 | "在发生碰撞事故前该轮值班驾驶员大副忙于记录航海日志。" | 注意力分散 | 注意力不集中 |
| UKPZ3 | "大副的决策和表现可能受到疲劳的影响。"(英译) | 疲劳 | 疲劳 |
| CHNPZ37 | "大副在南海的航行经验,让其产生夜间独自航行值班的盲目自信。" | 盲目自信 | 盲目自信 |
| CHNCP29 | "主机遥控系统故障致使船舶失控。" | 主机故障 | 设备故障 |
| CHNPZ16 | "舵机卡在左满舵位置,船舶大幅度向左偏转,航行至出港航道上,产生紧迫危险。" | 舵机故障 | |
| CHNZC4 | "船头和主甲板严重上浪,货舱和锚链舱大量进水。" | 船舶进水 | 船舶进水 |
| CHNCP33 | "周边暗礁浅滩较多,通航环境较为复杂。" | 通航环境复杂 | 通航环境复杂 |
| CHNGQ8 | "该水域航道狭窄,可航水域受限,水文条件复杂。" | 水文条件复杂 | |

## 第 3 章 船员不安全行为及其影响因素认知分析

续上表

| 报告来源 | 原始事故报告内容 | 概念化 | 初始范畴 |
|---|---|---|---|
| CHNGQ34 | "该水域为福建沿海中小型船舶习惯航路,通航密度较大。" | 通航密度大 | 通航密集 |
| CHNPZ153 | "事发时该水域有多艘船只在航道内航行,船舶通航密集。" | 通航密集 | |
| CHNPZ150 | "海面有雾,能见度不良。" | 能见度不良 | 能见度不良 |
| CHNZC13 | "事发前后,该轮遭遇东北风 6~7 级,阵风 8~9 级,浪高 3 米的大风浪天气。" | 大风浪 | 强风浪影响 |
| CHNPZ152 | "事发时正值舟山沿海天文大潮汛急涨流时段,流速约 4~5 节,'沪油 18'在事发水域受潮流影响严重。" | 潮汐流作用 | 潮汐流作用 |
| CHNPZ45 | "码头调度安排不合理,对船舶靠离泊秩序管理不到位。" | 码头公司管理不到位 | 外部管理缺陷 |
| CHNCP33 | "××有限公司未将建成的海底管道的路线图、位置表等注册登记资料报送海洋行政主管机关备案,划定管道保护区,并向社会公告;同时,公司未按规定要求对海底管道保护区和管道线路规范设置标识。" | 海底管道的建设公司存在安全管理缺陷 | |

(2) 主轴编码

在开放式编码的基础上,进一步分析和发现范畴之间的逻辑联系,形成主要范畴,是主轴编码的关键任务。其中,无法与其他概念合并的概念将被删除。通过反复比较和归纳,借助改进的 HFACS 模型,对开放式编码阶段得出的 31 个船员不安全行为范畴和 38 个影响因素范畴进行整理和聚合,最终得到了 15 个主范畴。该过程参考了 Uğurlu 等[32]以及 Yildiz 等[158]提出的船员不安全行为及其影响因素分类框架,为运用扎根理论方法对船员不安全行为及其影响因素范畴进行主轴编码提供理论依据。船员不安全行为的主轴编码结果见表 3-5,船员不安全行为影响因素的主轴编码结果见表 3-6。

船员不安全行为的主轴编码结果　　　　　　　　表 3-5

| 主范畴 | 子范畴 | 范畴关系 |
|---|---|---|
| 违规 | 未按要求交接班 | 船员有意识地违反国际海上避碰规则、国际海员培训、认证和值班标准公约等规定 |
| | 船舶作业时未穿戴或正确使用防护用品 | |
| | 未保持助航仪器处于常开工作状态 | |
| | 驾驶台配员等级不满足值班要求 | |
| | 能见度不良时未做好安全保障措施 | |
| | 未充分履行停泊值班安全职责 | |
| | 值班时或值班前4小时内饮酒 | |
| | 值班人员在驾驶台睡着 | |
| | 违反船舶作业规程 | |
| | 值班人员未按规定核对航向、船位 | |
| | 值班驾驶员未及时核对计划航线 | |
| 技能失误 | 值班水手操舵失误 | "操舵失误""未充分利用""未正确显示"等都是由于船员注意力缺陷、缺乏知识和经验而发生的无意识的失误行为,均属于技能失误 |
| | 未充分利用助航仪器 | |
| | 过度依赖助航仪器 | |
| | 未正确显示号灯号型 | |
| | 未正确发出声响和灯光信号 | |
| | 未保持正规瞭望 | |
| 决策失误 | 未控制好船位 | "未控制""选择""未采用""未遵循"都是由于船员不正确的有意选择/决定而发生的失误行为,均属于决策失误 |
| | 锚泊位置选择不当 | |
| | 应急处置措施不当 | |
| | 忽视报警信号或警告 | |
| | 未遵循海员通常做法/习惯航法 | |
| | 未严格执行计划航线 | |
| | 未采用安全航速 | |
| | 未及早地采取有效的避碰行动 | |
| | 未遵守狭水道等特殊水域航行规则 | |
| | 未遵守船舶在互见中的行动规则 | |
| | 未遵守船舶在能见度不良时的行动规则 | |

## 第3章 船员不安全行为及其影响因素认知分析

续上表

| 主范畴 | 子范畴 | 范畴关系 |
|---|---|---|
| 感知失误 | 未尽到当时特殊情况下所要求的戒备 | "特殊情况""当前环境""危险局面"都需要船员进行感知,由于视觉、听觉、认知或注意力缺陷而发生错误感知,均属于感知失误 |
| | 未充分估计当前环境对船舶操纵的影响 | |
| | 未能对当时危险局面做出充分估计 | |

**船员不安全行为影响因素的主轴编码结果**　　表3-6

| 主范畴 | 子范畴 | 范畴关系 |
|---|---|---|
| 资源管理 | 设备配置不充分 | "设备配置"和"适航证书"对应于船舶的设备/设施资源,"教育培训""配员数量""适任能力"对应于人力资源,均由船公司统一管理 |
| | 船舶适航证书无效 | |
| | 教育培训不足 | |
| | 配员数量不足 | |
| | 适任能力不足 | |
| 组织氛围 | 公司信息传递不畅 | "信息传递"可以反映船公司内部的沟通协调情况,是组织氛围的体现 |
| 组织过程 | 公司操作规程/规章制度不规范 | "规章制度"可以反映船公司内部运作的系统性,是组织过程的体现 |
| 监督不充分 | 未审核航线计划 | 船公司以及船舶上负有安全管理责任的人员的监督指导不充分,未能发现"航线计划"缺陷、船舶"超航区航行"、未落实"安全管理"等问题 |
| | 缺少监督指导 | |
| | 超核定航区航行 | |
| | 安全管理不到位 | |
| | 检查维护不当 | |
| 运作不适当 | 航线计划不当 | "航线计划"和"货物装载"都属于船舶的运作计划 |
| | 货物条件缺陷 | |
| 纠正错误失败 | 管理人员未纠正错误 | 船公司以及船舶上负有安全管理责任的人员未能纠正已知缺陷的文件、流程、程序,或未能纠正个人的不适当、不安全行为,属于纠正错误失败 |
| 监督违规 | 管理人员无视安全管理规定 | 船公司以及船舶上负有安全管理责任的人员故意无视指示/指导管理组织资产时的规则或操作说明而造成不安全情况,属于监督违规 |

续上表

| 主范畴 | 子范畴 | 范畴关系 |
|---|---|---|
| 团队管理不充分 | 船舶间沟通不畅 | 驾驶台团队"沟通不畅",未能够充分协调利用"驾驶台资源",以及驾驶台团队"未充分做好开航准备工作",均属于团队的管理不充分 |
| | 船岸沟通不畅 | |
| | 团队沟通不畅 | |
| | 未充分利用驾驶台资源 | |
| | 未充分做好开航准备工作 | |
| 船员不安全状态 | 突发身体状况 | "安全意识淡薄""态势感知缺失""压力"等属于不良的精神状态,"身体状况"和"情绪状态不良"属于不良的生理和心理状态,均属于船员不安全状态 |
| | 情绪状态不良 | |
| | 压力 | |
| | 酒精/药物 | |
| | 安全意识淡薄 | |
| | 态势感知缺失 | |
| | 注意力不集中 | |
| | 疲劳 | |
| | 盲目自信 | |
| 内部环境 | 设备故障 | "设备故障"和"船舶进水"使得船舶自身的技术环境存在危险,均属于内部环境因素 |
| | 船舶进水 | |
| 外部环境 | 通航环境复杂 | "通航环境""能见度""强风浪""潮汐流"都属于影响船舶航行的外部环境因素,"外部管理"是指与本船无关的外部管理组织造成的外部环境风险 |
| | 通航密集 | |
| | 能见度不良 | |
| | 强风浪影响 | |
| | 潮汐流作用 | |
| | 外部管理缺陷 | |

(3) 选择性编码

选择性编码主要是在前两个编码阶段的基础上,对各主范畴之间的关系进行深入分析,提取核心范畴,建立主范畴与核心范畴之间的联系,进而生成抽象层次的理论。本书借助改进的 HFACS 模型,对主轴编码阶段得出的 15 个主范畴进行聚合,最终得到了 5 个核心范畴,即组织影响、不安全监督、环境因素、不安全行为前提条件以及船员不安全行为,结果见表3-7。

选择性编码结果　　　　　　　　　　　　　　　　表3-7

| 核心范畴 | 主范畴 | 核心范畴 | 主范畴 |
| --- | --- | --- | --- |
| 组织影响 | 资源管理 | 环境因素 | 外部环境 |
| | 组织氛围 | | 内部环境 |
| | 组织过程 | 不安全行为前提条件 | 团队管理不充分 |
| 不安全监督 | 监督不充分 | | 船员不安全状态 |
| | 运作不适当 | 船员不安全行为 | 技能失误 |
| | 纠正错误失败 | | 决策失误 |
| | 监督违规 | | 感知失误 |
| | | | 违规 |

(4) 理论饱和

在扎根理论中,理论是否达到饱和是判断模型构建是否完成的重要依据[159]。在本书中,理论饱和是指在对新的海上事故报告进行分析时很难发掘额外的信息来发展出新的理论。本书将先前随机抽取剩下的30份事故报告用于饱和度检验。在对剩余30份事故报告重复上述的操作后,并没有发现新的范畴,由此可以认为本书基于海上事故报告所生成的范畴已经相对清晰、丰富,利用扎根理论识别的船员不安全行为及影响因素已经达到了理论上的饱和。

### 3.2.3　船员不安全行为及影响因素分析和分类模型构建

基于扎根理论方法,确定了31种典型船员不安全行为及其38种影响因素。具体内容分别见表3-8和表3-9。在这一过程中,参考了《国际海上避碰规则》(COLREGS)、《国际海员培训、认证和值班标准公约》(STCW公约)和《国际海上人命安全公约》(SOLAS),对船员不安全行为的表述进行规范化处理。

船员不安全行为的描述　　　　　　　　　　　　　表3-8

| 编码 | 不安全行为 | 说明 |
| --- | --- | --- |
| U1 | 未按要求交接班 | 值班人员未按照公司安全管理规定交接班,存在交接班信息传达不充分或未按时交接班等不安全行为 |

续上表

| 编码 | 不安全行为 | 说明 |
|---|---|---|
| U2 | 船舶作业时未穿戴或正确使用防护用品 | 船员在进行船舶作业时未穿戴或正确使用救生衣、安全帽、安全绳等防护用品 |
| U3 | 未保持助航仪器处于常开工作状态 | 在航船舶未保持AIS、雷达等助航仪器处于常开工作状态 |
| U4 | 驾驶台配员等级不满足值班要求 | 驾驶台配员等级不满足值班要求,例如无人值班、夜间独自值班或值班缺少瞭望员等 |
| U5 | 能见度不良时未做好安全保障措施 | 能见度不良时,未按规定采取安全航行保障措施,例如增加瞭望员等 |
| U6 | 未充分履行停泊值班安全职责 | 船舶处于停泊状态时,值班人员未按规定履行安全值班职责,存在值班疏忽行为 |
| U7 | 值班时或值班前4小时内饮酒 | 船员值班时或在值班(作业)前4小时内饮酒,违反STCW公约,处于警觉性降低的不安全状态 |
| U8 | 值班人员在驾驶台睡着 | 值班人员由于缺少外部刺激或疲劳的原因,在驾驶台睡着 |
| U9 | 违反船舶作业规程 | 针对火灾事故,船员在进行明火作业、货物装载、洗舱作业等船舶作业过程中,违反相关作业规程 |
| U10 | 值班人员未按规定核对航向、船位 | 驾驶台值班期间,值班人员未使用可用的、必要的助航仪器,以足够频繁的时间间隔对本船航行的航向、船位进行核对,以确保本船沿着计划航线航行 |
| U11 | 值班驾驶员未及时核对计划航线 | 驾驶台值班期间,值班人员未使用可用的、必要的助航仪器,及时检查核对计划航线,以确保计划航线的安全性 |
| U12 | 值班水手操舵失误 | 值班水手无意识地错误操舵 |
| U13 | 未充分利用助航仪器 | 未正确使用助航仪器,如AIS、雷达等 |
| U14 | 过度依赖助航仪器 | 完全依赖助航仪器,未运用目视、听觉以及当时情况下的一切可用的合适手段 |
| U15 | 未正确显示号灯号型 | 未按规定正确显示适合当时情况的号灯号型 |
| U16 | 未正确发出声响和灯光信号 | 未按规定正确发出适合当时情况的声响和灯光信号 |

## 第3章 船员不安全行为及其影响因素认知分析

续上表

| 编码 | 不安全行为 | 说明 |
|---|---|---|
| U17 | 未保持正规瞭望 | 未使用视觉、听觉以及当时环境和情况下的一切可用的合适手段保持正规的瞭望,以便对局面和碰撞危险做出充分的估计 |
| U18 | 未控制好船位 | 在船舶离靠泊、转弯等过程中,值班驾驶员船舶操纵不当,未控制好船位 |
| U19 | 锚泊位置选择不当 | 未充分考虑当时环境情况,导致锚地选择错误或锚泊位置不当 |
| U20 | 应急处置措施不当 | 船舶突发故障或外部环境恶劣时,应急处置不及时或处置措施不适当 |
| U21 | 忽视报警信号或警告 | 值班驾驶员忽视报警信号,忽视VTS(船舶交通管理系统)或其他值班人员的警告 |
| U22 | 未遵循海员通常做法/习惯航法 | 未遵循海员通常做法或习惯航法,例如未遵循上航船"右三左七"的习惯航法,过于靠近右岸航行 |
| U23 | 未严格执行计划航线 | 值班驾驶员未严格执行计划航线导致事故发生 |
| U24 | 未采用安全航速 | 未根据当时环境情况采用安全航速,导致未能及时采取有效的避碰行动,在适合当时环境和情况的距离以内把船停住 |
| U25 | 未及早地采取有效的避碰行动 | 未在情况许可时,及早地采取大幅度、有效的避碰行动;未认真核查避让行动的有效性,直到最后驶过让清他船为止 |
| U26 | 未遵守狭水道等特殊水域航行规则 | 未遵守狭水道、分行通道制、定线制等特殊水域航行规则 |
| U27 | 未遵守船舶在互见中的行动规则 | 未遵守互见中的让路船或直航船的行动规则,包括追越、对遇、交叉相遇等局面 |
| U28 | 未遵守船舶在能见度不良时的行动规则 | 未充分考虑到当时能见度不良的环境和情况,未遵守能见度不良时的行动规则 |
| U29 | 未尽到当时特殊情况下所要求的戒备 | 未按当时特殊情况的要求,产生戒备上的疏忽 |
| U30 | 未充分估计当前环境对船舶操纵的影响 | 未充分估计当前风浪或潮汐流对船舶操纵的不利影响 |
| U31 | 未能对当时危险局面做出充分估计 | 未使用适合当时环境和情况的一切可用手段判断是否存在危险;如有任何怀疑,则应认为存在这种危险 |

**船员不安全行为影响因素的描述** 表 3-9

| 编码 | 影响因素 | 说明 |
|---|---|---|
| O1 | 设备配置不充分 | 船上未配备必要的设备或设备存在缺陷 |
| O2 | 船舶适航证书无效 | 船舶无适航证书;适航证书已过期;船舶适航证书不符合当前航行水域要求 |
| O3 | 教育培训不足 | 船公司对船员提供的安全知识教育和专业技能培训不足 |
| O4 | 配员数量不足 | 未能满足船上最低人员数量配备要求 |
| O5 | 适任能力不足 | 船员未取得操作船上设备的资格证书、未受过专业培训 |
| O6 | 公司信息传递不畅 | 船公司传递信息不畅、不及时 |
| O7 | 公司操作规程/规章制度不规范 | 船公司的操作规程、规章制度缺失或不完备 |
| S1 | 未审核航线计划 | 船长未及时审查航线计划 |
| S2 | 缺少监督指导 | 船舶上负有安全管理责任的人员未有效履行其监督管理的职责,对船员的监督和指导不足 |
| S3 | 超核定航区航行 | 船舶超过根据实际条件核定的安全航行区域航行 |
| S4 | 安全管理不到位 | 船公司未能对安全管理的实施进行监督和评估,未能保证船上落实安全管理体系 |
| S5 | 检查维护不当 | 船上设备、设施的日常检查和维护不足 |
| S6 | 航线计划不当 | 航线计划设计不当,存在航行风险 |
| S7 | 货物条件缺陷 | 船舶空载、满载、超载、货物装载不当 |
| S8 | 管理人员未纠正错误 | 船公司以及船舶上负有安全管理责任的人员未能纠正存在已知缺陷的文件、流程、程序,或未能纠正船员的不适当、不安全行为而造成不安全情况 |
| S9 | 管理人员无视安全管理规定 | 船公司以及船舶上负有安全管理责任的人员故意无视安全管理的相关规定而造成不安全情况 |
| P1 | 船舶间沟通不畅 | 由于通信设备故障、用语失误、语言不通等原因导致船舶之间沟通协调不畅 |

## 第3章 船员不安全行为及其影响因素认知分析

续上表

| 编码 | 影响因素 | 说明 |
|---|---|---|
| P2 | 船岸沟通不畅 | 岸上海事管理机构未能及时提供航行安全信息、通信设备故障、用语失误等原因导致船岸沟通协调不畅 |
| P3 | 团队沟通不畅 | 船上驾驶台团队未能充分沟通协作 |
| P4 | 未充分利用驾驶台资源 | 船上驾驶台团队未能充分利用驾驶台资源 |
| P5 | 未充分做好开航准备工作 | 船员在航行前没有充分做好准备工作 |
| P6 | 突发身体状况 | 船员突然出现身体问题 |
| P7 | 情绪状态不良 | 船员的情绪状态不良,如紧张、焦虑 |
| P8 | 压力 | 船员受到精神压力影响 |
| P9 | 酒精/药物 | 船员饮酒(非值班前4小时)或服用药物,影响决策水平 |
| P10 | 安全意识淡薄 | 船员缺乏安全意识导致不安全行为出现 |
| P11 | 态势感知缺失 | 船员不确定或不知道当前船舶航行情况 |
| P12 | 注意力不集中 | 船员被非航行任务分散了注意力 |
| P13 | 疲劳 | 船员由于休息不足等原因而产生疲劳 |
| P14 | 盲目自信 | 船员过于自信 |
| E1 | 设备故障 | 船上设备突发故障,船舶失去动力 |
| E2 | 船舶进水 | 甲板上浪或船舶内部进水 |
| E3 | 通航环境复杂 | 危险复杂的航行环境 |
| E4 | 通航密集 | 本船附近船舶较多,处于通航密集区 |
| E5 | 能见度不良 | 恶劣的天气条件,如雾、雨、雪等,导致能见度受限 |
| E6 | 强风浪影响 | 大风浪天气影响船舶操纵 |
| E7 | 潮汐流作用 | 涨潮、强流、横流等潮汐流作用影响船舶操纵 |
| E8 | 外部管理缺陷 | 码头公司等外部组织管理不善,使得当前环境存在潜在危险 |

同时,在扎根理论编码过程中,借助改进的HFACS模型,实现了对31种典型船员不安全行为及其38种影响因素的分类,由此构建了船员不安全行为及其影响因素的分析和分类模型,如图3-4所示。

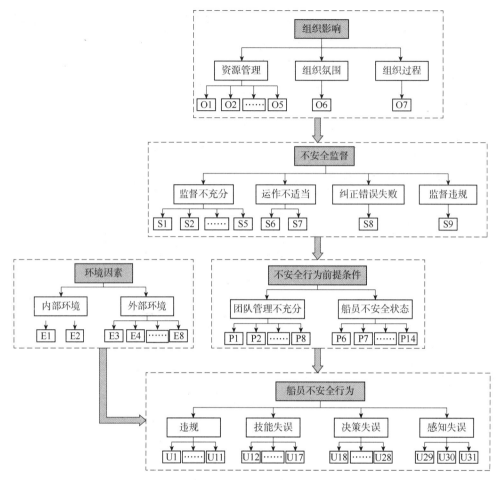

图 3-4 船员不安全行为及影响因素分析和分类模型

## 3.3 船员不安全行为及其影响因素数据集构建及关联分析

### 3.3.1 船员不安全行为及其影响因素数据集构建

基于上文已确定的船员不安全行为及其影响因素,对 476 份事故报告进行逐一整理,利用 Microsoft Excel 2013 软件,构建包括事故基本属性、船员不安全行为以及影响因素在内的数据集。使用 0/1 二进制计数法对船员不安全行为及其影响因素进行量化处理。例如,某起事故的事故原因包括"没有使用适合当时环境和情况下一切有效手段保持正规瞭望",则在记录该起事故时,将"未保持

## 第3章 船员不安全行为及其影响因素认知分析

正规瞭望"记为"1"。表3-10提供了该数据集中船员不安全行为及其影响因素的统计结果。

**船员不安全行为及其影响因素的频率统计**　　　　表3-10

| 编码 | 变量 | 频率 | 编码 | 变量 | 频率 |
|---|---|---|---|---|---|
| U1 | 未按要求交接班 | 1.68% | U25 | 未及早地采取有效的避碰行动 | 27.94% |
| U2 | 船舶作业时未穿戴或正确使用防护用品 | 2.94% | U26 | 未遵守狭水道等特殊水域航行规则 | 17.86% |
|  |  |  | U27 | 未遵守船舶在互见中的行动规则 | 21.22% |
| U3 | 未保持助航仪器处于常开工作状态 | 2.31% | U28 | 未遵守船舶在能见度不良时的行动规则 | 4.41% |
| U4 | 驾驶台配员等级不满足值班要求 | 8.82% |  |  |  |
| U5 | 能见度不良时未做好安全保障措施 | 0.42% | U29 | 未尽到当时特殊情况下所要求的戒备 | 7.77% |
| U6 | 未充分履行停泊值班安全职责 | 3.36% | U30 | 未充分估计当前环境对船舶操纵的影响 | 11.13% |
| U7 | 值班时或值班前4小时内饮酒 | 2.31% |  |  |  |
| U8 | 值班人员在驾驶台睡着 | 4.20% | U31 | 未能对当时危险局面做出充分估计 | 31.09% |
| U9 | 违反船舶作业规程 | 4.62% | O1 | 设备配置不充分 | 13.24% |
| U10 | 值班人员未按规定核对航向、船位 | 5.04% | O2 | 船舶适航证书无效 | 2.73% |
| U11 | 值班驾驶员未及时核对计划航线 | 1.47% | O3 | 教育培训不足 | 30.88% |
| U12 | 值班水手操舵失误 | 0.42% | O4 | 配员数量不足 | 15.97% |
| U13 | 未充分利用助航仪器 | 7.35% | O5 | 适任能力不足 | 23.53% |
| U14 | 过度依赖助航仪器 | 2.10% | O6 | 公司信息传递不畅 | 1.05% |
| U15 | 未正确显示号灯号型 | 2.10% | O7 | 公司操作规程/规章制度不规范 | 12.39% |
| U16 | 未正确发出声响和灯光信号 | 9.24% | S1 | 未审核航线计划 | 1.89% |
| U17 | 未保持正规瞭望 | 48.32% | S2 | 缺少监督指导 | 29.41% |
| U18 | 未控制好船位 | 13.03% | S3 | 超核定航区航行 | 6.09% |
| U19 | 锚泊位置选择不当 | 1.68% | S4 | 安全管理不到位 | 41.81% |
| U20 | 应急处置措施不当 | 16.81% | S5 | 检查维护不当 | 11.13% |
| U21 | 忽视报警信号或警告 | 0.42% | S6 | 航线计划不当 | 4.20% |
| U22 | 未遵循海员通常做法/习惯航法 | 1.26% | S7 | 货物条件缺陷 | 5.25% |
| U23 | 未严格执行计划航线 | 1.89% | S8 | 管理人员未纠正错误 | 2.73% |
| U24 | 未采用安全航速 | 20.17% | S9 | 管理人员无视安全管理规定 | 4.41% |

续上表

| 编码 | 变量 | 频率 | 编码 | 变量 | 频率 |
|---|---|---|---|---|---|
| P1 | 船舶间沟通不畅 | 13.03% | P12 | 注意力不集中 | 5.88% |
| P2 | 船岸沟通不畅 | 2.52% | P13 | 疲劳 | 7.35% |
| P3 | 团队沟通不畅 | 13.03% | P14 | 盲目自信 | 0.84% |
| P4 | 未充分利用驾驶台资源 | 5.04% | E1 | 设备故障 | 4.83% |
| P5 | 未充分做好开航准备工作 | 1.26% | E2 | 船舶进水 | 5.04% |
| P6 | 突发身体状况 | 0.42% | E3 | 通航环境复杂 | 22.48% |
| P7 | 情绪状态不良 | 1.26% | E4 | 通航密集 | 22.06% |
| P8 | 压力 | 0.21% | E5 | 能见度不良 | 16.81% |
| P9 | 酒精/药物 | 1.05% | E6 | 强风浪影响 | 7.56% |
| P10 | 安全意识淡薄 | 13.66% | E7 | 潮汐流作用 | 6.51% |
| P11 | 态势感知缺失 | 5.46% | E8 | 外部管理缺陷 | 3.57% |

### 3.3.2 船员不安全行为及其影响因素特征分析

本节针对5种海上事故类型,对识别出的31种典型船员不安全行为及其38种影响因素进行特征分析。船员不安全行为的频率分布如图3-5所示,"未保持正规瞭望"(U17)是出现频率最高的船员不安全行为,其次是"未能对当时危险局面做出充分估计"(U31)、"未及早地采取有效的避碰行动"(U25)、"未遵守船舶在互见中的行动规则"(U27)和"未采用安全航速"(U24)。可以发现排名前5位的船员不安全行为都在船舶碰撞事故中频繁出现,这可能是因为碰撞事故是最经常出现的海上事故类型,收集到的相关事故报告数量最多,所以此类船员不安全行为出现的频率较高。此外,搁浅事故涉及的不安全行为种类较多,约74%的船员不安全行为都在船舶搁浅事故中出现,这也证明了海上事故中船员不安全行为风险交互机制的复杂性。其中,出现频率最高的不安全行为是"值班人员未按规定核对航向、船位"(U10)。触碰、自沉以及火灾/爆炸事故所涉及的船员不安全行为种类较少,一部分原因是这些类型的事故数据量较小,但也凸显出此类船舶事故大多是由特定的船员不安全行为引起。例如,自沉事故所涉及的船员不安全行为集中于"应急处置措施不当"(U20)和"未能对当时危险局面做出充分估计"(U31)。从不安全行为整体分布来看,在不同类型的海上事故

# 第3章 船员不安全行为及其影响因素认知分析

中,所涉及的船员不安全行为有所不同,这意味着船员不安全行为风险交互过程存在差异。为了采取有针对性的安全管理措施,有必要对船员不安全行为及其影响因素的交互作用开展进一步研究。

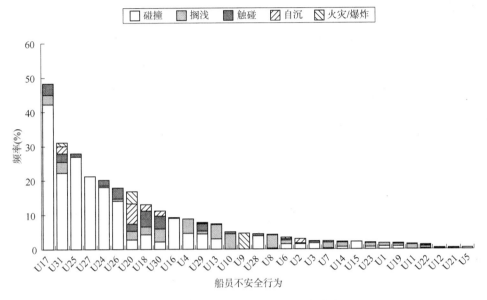

图 3-5 船员不安全行为频率分布

针对38种船员不安全行为的影响因素,按照组织影响、不安全监督、环境因素以及不安全行为前提条件4个层次,分别绘制雷达图,如图3-6所示。比较图3-6中的4个雷达图,可以发现作为导致不安全行为出现的深层次因素,不安全监督和组织影响层面的因素要比不安全行为前提条件层面的因素出现的频率高。碰撞事故依然是影响因素出现频率最高的事故类型。在组织影响层面,可以发现"教育培训不足"(O3)是出现频率最高且5种事故类型都涉及的影响因素,"适任能力不足"(O5)在碰撞事故中出现的频率最高。在不安全监督层面,"安全管理不到位"(S4)是出现频率最高且5种事故类型都涉及的影响因素,其次是"缺少监督指导"(S2),而"未审核航线计划"(S1)只在搁浅事故中出现。在环境因素层面,不同的事故类型具有明显的因素差异。碰撞事故集中在"通航环境复杂"(E3)、"通航密集"(E4)、"能见度不良"(E5)三个因素上,这都是可能增加在航船舶航行风险的重要环境因素;搁浅事故主要涉及"通航环境复杂"(E3)和"强风浪影响"(E6);自沉事故主要涉及"船舶进水"(E2)和"强风浪影响"(E6),这两个因素具有导致船舶自沉事故发生的风险特性;触碰事故主要受"潮汐流作用"(E7)影响;火灾/爆炸事故涉及的环境因素较少,这可能与事故本身特性有关。在不安全行为前提条件层面,"团队沟通不畅"(P3)和"安全意识淡薄"(P10)在5种海上事故类型中都有所涉及,"船舶间沟通不畅"(P1)在碰撞事故中出现频率最高。

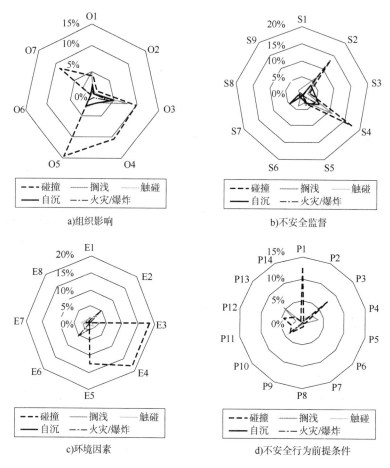

图 3-6 影响因素频率分布雷达图

### 3.3.3 船员不安全行为及其影响因素关联分析

海上事故的发生是由一系列复杂动态的因素相互作用导致的,上文关于船员不安全行为及其影响因素的特征分析也体现了这一点。本节利用 Éclat 算法挖掘船员不安全行为及其影响因素数据集中的频繁项集,以探究频繁出现的船员不安全行为风险关联模式,为进一步探究船员不安全行为的风险演化机制奠定基础。

## 第3章 船员不安全行为及其影响因素认知分析

定义适当的最小支持度和最小置信度将生成有趣的规则。较低的阈值会导致生成大量的规则,这些规则由于存在噪声和重复的问题而难以解释,然而使用较高的阈值会导致生成数量较少且已经被普遍认知的规则[150]。现有的关联规则研究指出,没有设定最小支持度和置信度的标准[146,160]。Hong 等人[154]采用试错法来提供一套合理的阈值。虽然这些阈值的选择是主观的,但并不是随机的。在现有研究的基础上,本书选取了两个最小支持度对船员不安全行为及其影响因素数据集进行频繁项集挖掘,分别为 0.1 和 0.08,并且项集最短长度设置为 2。当最小支持度为 0.1 时,该算法只生成了 24 个频繁项集。当最小支持度设置为 0.08 时,该算法共计生成 6029 个频繁项集。这些结果无法提供显著的频繁项集,并且难以提取船员不安全行为的风险关联模式。

本章使用 R 语言的 arules 包和 arulesViz 包实施频繁项集的挖掘以及可视化分析。由于该数据集存在数据不平衡问题,为了关注到出现频率较低的船员不安全行为以及影响因素之间存在的关联关系,经过反复试验,将最小支持度设置为 0.01 且项集最短长度设置为 2。最终,共计得到 4144 个频繁项集,结果见图 3-7。从图 3-7 可以看出,频繁项集大多包括 2~3 项,最多涉及了 8 个项目。随着项集中所含项目个数的增多,频繁项集的数量逐渐减少,最终只得到一个频繁 8 项集。

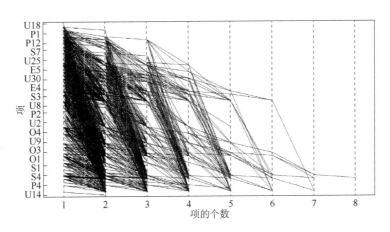

**图 3-7 频繁项集平行坐标图**

为了进一步探究船员不安全行为及其影响因素之间的关联模式,表 3-11 列出了不同项目数量中支持度排名前 10 位的频繁项集。支持度最高的频繁项集是{U17,U25},这表明在该数据集中,船员未保持正规瞭望和未及早地采取有效的避碰行动同时出现的可能性为22.22%。同时,可以看出这些频繁项集之间存在相似性,这说明风险关联模式具有一定规律性。大体上可以分为三类:船员不安全行为之间、影响因素之间以及影响因素和船员不安全行为之间都存在不同程度的关联。

频繁项集结果　　　　　　　　　　　　　　　　　　　　　表3-11

| 序号 | 频繁项集 | 支持度 |
|---|---|---|
| 频繁2项集 | | |
| 1 | {U17,U25} | 0.2222 |
| 2 | {S2,S4} | 0.2222 |
| 3 | {O3,S4} | 0.2066 |
| 4 | {U17,U31} | 0.2008 |
| 5 | {U17,U27} | 0.1657 |
| 6 | {E3,U17} | 0.1598 |
| 7 | {E4,U17} | 0.1598 |
| 8 | {S4,U17} | 0.1540 |
| 9 | {U17,U24} | 0.1481 |
| 10 | {U25,U31} | 0.1462 |
| 频繁3项集 | | |
| 11 | {U17,U25,U31} | 0.1365 |
| 12 | {O3,S2,S4} | 0.1228 |
| 13 | {E3,E4,U17} | 0.0994 |
| 14 | {S2,S4,U17} | 0.0916 |
| 15 | {U17,U25,U27} | 0.0897 |
| 16 | {U17,U27,U31} | 0.0897 |
| 17 | {E4,U17,U25} | 0.0897 |
| 18 | {U17,U24,U25} | 0.0838 |
| 19 | {O7,S2,S4} | 0.0819 |
| 20 | {E4,U17,U27} | 0.0819 |

## 第3章 船员不安全行为及其影响因素认知分析

续上表

| 序号 | 频繁项集 | 支持度 |
|---|---|---|
| 频繁4项集 | | |
| 21 | {E4,U17,U25,U31} | 0.0585 |
| 22 | {S2,S4,U17,U25} | 0.0565 |
| 23 | {O7,S2,S4,U17} | 0.0546 |
| 24 | {U17,U25,U27,U31} | 0.0546 |
| 25 | {O4,O5,S2,S4} | 0.0526 |
| 26 | {O3,O5,S2,S4} | 0.0526 |
| 27 | {O3,S2,S4,U31} | 0.0526 |
| 28 | {U17,U24,U25,U31} | 0.0507 |
| 29 | {S4,U17,U25,U31} | 0.0507 |
| 30 | {E3,E4,U17,U27} | 0.0487 |
| 频繁5项集 | | |
| 31 | {S2,S4,U17,U25,U31} | 0.0370 |
| 32 | {O7,S2,S4,U17,U25} | 0.0331 |
| 33 | {O3,O4,O5,S2,S4} | 0.0312 |
| 34 | {O3,S2,S4,U17,U25} | 0.0312 |
| 35 | {O7,S2,S4,U17,U27} | 0.0292 |
| 36 | {O7,S2,S4,U17,U31} | 0.0292 |
| 37 | {E3,E4,U17,U25,U31} | 0.0292 |
| 38 | {O3,S4,U17,U25,U31} | 0.0292 |
| 39 | {O3,O4,O5,S3,S4} | 0.0273 |
| 40 | {O4,O5,S2,S3,S4} | 0.0273 |
| 频繁6项集 | | |
| 41 | {O7,S2,S4,U17,U25,U31} | 0.0234 |
| 42 | {O3,S2,S4,U17,U25,U31} | 0.0234 |
| 43 | {O3,O4,O5,S2,S3,S4} | 0.0214 |
| 44 | {E2,E6,O3,P10,S2,S4} | 0.0195 |
| 45 | {E2,O3,P10,S2,S4,U20} | 0.0195 |

续上表

| 序号 | 频繁项集 | 支持度 |
|---|---|---|
| 46 | {E2,E6,P10,S2,S4,S7} | 0.0175 |
| 47 | {E2,O3,P10,S2,S4,S7} | 0.0175 |
| 48 | {E2,E6,P10,S2,S4,U20} | 0.0175 |
| 49 | {E2,E6,O3,S2,S4,U20} | 0.0175 |
| 50 | {E2,E6,O5,P10,S2,S4} | 0.0175 |
| 频繁 7 项集 | | |
| 51 | {E2,E6,O3,P10,S2,S4,U20} | 0.0156 |
| 52 | {E2,E6,P10,S2,S4,S7,U20} | 0.0136 |
| 53 | {E2,E6,O3,S2,S4,S7,U20} | 0.0136 |
| 54 | {E2,E6,O3,P10,S2,S4,S7} | 0.0136 |
| 55 | {E2,O3,P10,S2,S4,S7,U20} | 0.0136 |
| 56 | {E2,E6,O4,O5,P10,S2,S4} | 0.0136 |
| 57 | {E2,E6,O3,O5,P10,S2,S4} | 0.0136 |
| 58 | {E6,O3,P10,S2,S4,S7,U20} | 0.0136 |
| 59 | {O3,O4,O5,P10,S2,S3,S4} | 0.0136 |
| 60 | {O3,O4,O5,S2,S3,S4,U31} | 0.0136 |
| 频繁 8 项集 | | |
| 61 | {E2,E6,O3,P10,S2,S4,S7,U20} | 0.0117 |

根据第 3.2.3 节构建的船员不安全行为及其影响因素分析和分类模型，组织影响和不安全监督通常是导致船员不安全行为发生的深层次因素，环境因素和不安全行为前提条件属于客观或者主观上的影响因素，这些影响因素相互作用，最终导致船员不安全行为出现，进而造成海上事故。由此，对表 3-11 中的频繁项集结果所蕴含的船员不安全行为及其影响因素的关联模式进行分析。

关联模式 1："未保持正规瞭望"(U17)、"未采用安全航速"(U24)、"未及早地采取有效的避碰行动"(U25)、"未遵守船舶在互见中的行动规则"(U27)、"未能对当时危险局面做出充分估计"(U31)，该模式下船员不安全行为相互作用导致其他不安全行为出现。表 3-11 中的频繁 2 项集 1、4、5 和 9 显示，"未保持正规瞭望"(U17)分别和"未采用安全航速"(U24)、"未及早地采取有效的避碰行

## 第3章 船员不安全行为及其影响因素认知分析

动"(U25)、"未遵守船舶在互见中的行动规则"(U27)、"未能对当时危险局面做出充分估计"(U31)相互作用生成频繁3项集11、15、16和18,以及频繁4项集24和28。这种船员不安全行为的关联模式普遍存在于船舶碰撞事故中,船员未保持正规瞭望是最频繁出现的不安全行为,极易引起后续一系列不安全行为的出现。例如,当船员未保持正规瞭望时,使得船员未能发现当时局面存在危险,因此未及早地采取有效的避碰行动,导致船员未遵守船舶在互见中的行动规则。

关联模式2:"教育培训不足"(O3)、"公司操作规程/规章制度不规范"(O7)、"缺少监督指导"(S2)、"安全管理不到位"(S4)、"通航环境复杂"(E3)、"通航密集"(E4),可能导致"未保持正规瞭望"(U17)、"未及早地采取有效的避碰行动"(U25)、"未遵守船舶在互见中的行动规则"(U27)、"未能对当时危险局面做出充分估计"(U31)的发生,该模式下影响因素相互关联可能导致船员不安全行为出现。其中,船上"缺少监督指导"与船公司"安全管理不到位"频繁导致船员不安全行为的出现,例如,{S2,S4,U17}和{S2,S4,U17,U25}。同时,由于船公司的操作规程、规章制度不规范或提供的教育培训不足,将进一步导致船员"未保持正规瞭望"({O7,S2,S4,U17})、船员"未能对当时危险局面做出充分估计"({O3,S2,S4,U31}),进而引起更多不安全行为的出现({O7,S2,S4,U17,U25,U31}、{O3,S2,S4,U17,U25,U31})。与此同时,"通航环境复杂"(E3)和"通航密集"(E4)也会为类似的船员不安全行为的出现埋下隐患,例如,{E3,E4,U17,U27}和{E3,E4,U17,U25,U31}。

关联模式3:"教育培训不足"(O3)、"配员数量不足"(O4)、"适任能力不足"(O5)、"缺少监督指导"(S2)、"超核定航区航行"(S3)、"安全管理不到位"(S4)、"安全意识淡薄"(P10),该模式下影响因素相互关联导致其他影响因素出现。其中,"配员数量不足"和"适任能力不足"在该关联模式中具有重要作用,当船公司提供的教育培训不足时,由于船舶上"配员数量不足"以及船员的"适任能力不足"等问题,导致"安全管理不到位"且船上"缺少监督指导"({O3,O4,O5,S2,S4}),这些因素相互作用,加之船员安全意识淡薄,可能与船舶"超核定航区航行"存在关联({O3,O4,O5,P10,S2,S3,S4}),为船员不安全行为的出现埋下隐患。

关联模式4:"教育培训不足"(O3)、"缺少监督指导"(S2)、"安全管理不到位"(S4)、"货物条件缺陷"(S7)、"安全意识淡薄"(P10)、"船舶进水"

(E2)、"强风浪影响"(E6),导致"应急处置措施不当"(U20),该模式下影响因素相互关联导致船员不安全行为出现。由于船公司对船员的"教育培训不足",使得船上"缺少监督指导"以及船上未落实安全管理制度("安全管理不到位"),导致船员"安全意识淡薄",当受强风浪影响、船舶内部进水时,由于船舶空载、货物摆放等问题,则船员可能出现应急处置措施不当的不安全行为({E2,E6,O3,P10,S2,S4,S7,U20})。

基于上述频繁出现的船员不安全行为风险关联模式,组织影响层面的"教育培训不足""配员数量不足""适任能力不足""公司操作规程/规章制度不规范",不安全监督层面的"缺少监督指导""超核定航区航行""安全管理不到位",环境因素层面的"通航环境复杂""通航密集""船舶进水""强风浪影响",不安全行为前提条件层面的"安全意识淡薄",以及船员不安全行为层面的"未保持正规瞭望""未采用安全航速""未及早地采取有效的避碰行动""未遵守船舶在互见中的行动规则""未能对当时危险局面做出充分估计""应急处置措施不当"对海上事故的发生具有重要影响。其中,环境因素属于客观因素;船员不安全行为和其余的影响因素需要通过制定相应的安全措施实现主动预防,以减少船员不安全行为的出现。在风险关联模式中,"教育培训不足""缺少监督指导""安全管理不到位"三种影响因素出现的频率较高,多次与船员不安全行为同时出现,应该给予重点关注。在实际的海上安全管理中,有必要对频繁出现的船员不安全行为及其影响因素关联模式开展深入研究,进一步探究这种关联模式涵盖的风险交互规律,深入剖析导致海上事故发生的船员不安全行为及其影响因素的复杂演化机制。

## 3.4 本章小结

本章对船员不安全行为及其影响因素进行系统认知,综合运用扎根理论的优势和改进的 HFACS 模型的分类特性,为船员不安全行为及其影响因素的识别开拓了新思路。通过建立船员不安全行为及其影响因素分析和分类模型,为船员不安全行为的后续研究奠定理论基础。基于已识别的船员不安全行为及其影响因素,建立了船员不安全行为及其影响因素数据库,为后续研究提供数据支撑。通过对船员不安全行为及其影响因素的特征分析和频繁项集挖掘,进一步

## 第3章 船员不安全行为及其影响因素认知分析

认知海上运输活动中多因素交互导致的船员不安全行为的复杂动态性。本章结论概括如下：

①基于扎根理论方法和改进的 HFACS 模型对 476 份海上事故调查报告进行梳理分析，共识别出 31 种典型船员不安全行为及其 38 种影响因素。

②船员不安全行为特征分析的结果显示，不同类型的海上事故会涉及不同的船员不安全行为，这说明在不同类型的海上事故中，船员不安全行为风险交互过程存在差异，为了采取有针对性的安全管理措施，有必要对船员不安全行为及其影响因素的交互作用开展进一步研究；影响因素特征分析的结果显示，作为导致船员不安全行为出现的深层次因素，不安全监督和组织影响层面的因素要比不安全行为前提条件层面的因素出现频率高。

③基于频繁项集的结果，可以发现风险关联模式具有一定规律性，这意味着通过深入探究船员不安全行为的风险演化特性及规律，能够在一定程度上阻断风险传播。同时，挖掘频繁项集能够筛选出海上事故中频繁出现的风险关联模式，为下一步船员不安全行为及其影响因素交互网络的构建奠定基础。

本章的研究内容对目前船员不安全行为研究进行了补充，有助于系统认知船员不安全行为及其影响因素，为后续从复杂网络的角度开展船员不安全行为及其影响因素交互研究奠定基础。

# 第 4 章 复杂网络视角下船员不安全行为及其影响因素的交互研究

随着海上交通运输活动复杂度的提高,船员不安全行为及其影响因素之间的交互程度逐步加深。本章从复杂网络的角度探究海上事故中船员不安全行为的风险演化特性及规律。首先,基于第 3 章获取的船员不安全行为及其影响因素之间的频繁项集,将关联规则技术映射到复杂网络中,构建有向赋权的船员不安全行为及其影响因素的交互网络;进而,通过网络拓扑特征分析,探究船员不安全行为及其影响因素交互网络的结构特性;然后,采用加权 PageRank 算法,得到网络中节点的重要度,识别出船员不安全行为及其影响因素交互网络中具有高风险传播能力的关键节点;最后,基于随机游走的社区发现方法,获取网络中的社区结构特征,探究船员不安全行为及其影响因素交互网络中的典型风险交互模式。

## 4.1 船员不安全行为及其影响因素的交互网络分析方法

海上交通运输系统是具有高度不确定性和人为干预特点的复杂系统,探究该系统内个体之间的联系和相互作用有助于维护系统安全、提高系统的可靠性。复杂网络理论是研究复杂系统的一种典型视角和方法,它关注系统中个体相互连接和互动的拓扑结构,能够表征复杂系统中风险传播的非线性交互过程,是理解复杂系统的性质和功能的基础。复杂网络可以刻画复杂系统的基本框架,任何复杂系统都可以被看作个体之间相互作用的网络。网络拓扑结构是研究系统性质和功能的基础,理解复杂系统的行为必须从理解复杂交互的网络拓扑特征开始。

## 第4章 复杂网络视角下船员不安全行为及其影响因素的交互研究

复杂网络指呈现高度复杂性的网络,可以用节点、节点与节点之间的连线来表示。复杂网络的复杂性可以归纳为四类:结构复杂性、节点复杂性、边多样性和其他各种复杂因素的影响[126]。结构复杂性是指复杂网络不是完全随机生成的,也不完全遵循固定的规则,而是按照一定规律随机产生的;节点复杂性体现在节点可以代表不同类型的个体,并且节点可以通过设置不同的参数来表示不同的性质;复杂网络的边具有多样性,其最主要的作用是表征各个节点之间的连接方式,通过判断节点间的方向关系来将边分为有向边和无向边,通过评估节点间的关系是否具有不同程度的差别来将边分为有权边和无权边;其他各种复杂因素的影响涉及网络的复杂动态特性,随着时间的推移,网络内部会发生一定程度的变化,具体体现在复杂网络中的节点和边可能增加或消失,节点之间的关系也可能发生改变。复杂网络的研究一般是先将实际网络抽象成由节点与边组成的网络,然后在该网络的基础上统计其网络拓扑特征,计算节点重要度,通过分析这些几何参数来研究实际网络的形成和演化规律。

考虑到复杂网络在地铁[87]和电车[161]领域的成功应用,本章从复杂网络的角度对海上事故中涉及的船员不安全行为及其影响因素间的交互作用进行定量分析。根据 Granovetter[162]、Serrano 和 Boguna[163] 以及 Ma 等人[46]的研究,本章应用的复杂网络方法与传统风险分析方法的区别(或优势)体现在以下 3 个方面:①复杂网络中的邻接矩阵可以比故障树分析、事件树分析、贝叶斯网络等传统方法更有效地呈现和分析船员不安全行为以及影响因素之间复杂的关联性,有利于开展风险管理;②复杂网络理论下的方法学具有高扩展性的特点,可以与其他方法相结合,本章将关联规则技术引入复杂网络理论中,以构建有向赋权的船员不安全行为及其影响因素交互网络;③复杂网络理论提供了更多的定量分析视角,可用于评估网络特性,例如度、平均路径长度、聚类系数、介数中心性等。

### 4.1.1 基于关联规则的复杂网络模型构建方法

复杂网络是由一定数量的点集 $V$ 和边集 $E$ 构成的简单图 $G=(V,E)$,其中,$V=\{v_1,v_2,\cdots,v_n\}$ 代表所有点的集合,$E=\{e_1,e_2,\cdots,e_n\}$ 代表所有边的集合。复杂网络可以用邻接矩阵 $A$ 来表示:

$$A_{ij} = \begin{cases} a_{ij} \times w_{ij}, & i \to j \\ 0, & 其他 \end{cases} \tag{4-1}$$

当事件 $i$ 触发事件 $j$ 时，$a_{ij}(i,j \in V)$ 等于 1，否则等于 0。$w_{ij}$ 表示网络中相邻节点 $i$ 和 $j$ 之间的边的权值，即由事件 $i$ 触发的事件 $j$ 的频率。当邻接矩阵为对称矩阵时，则该网络为无向网络，反之就是有向网络。如果网络中 $w_{ij}$ 不全相等，这类网络就可以被视为加权网络，否则为无权网络。

海上运输活动中，船员不安全行为及其影响因素之间具有不同程度的相互作用，即船员不安全行为及其影响因素交互网络属于有向赋权网络。在有向赋权网络中，节点、有向边和边的权重分别代表船员不安全行为/影响因素、船员不安全行为/影响因素之间的相互作用及其强度。本章基于复杂网络理论，引入关联规则技术，从第 3 章生成的频繁项集中挖掘关联规则，并将结果映射到有向赋权网络中，映射过程如图 4-1 所示。该过程主要包括 3 个步骤[89]：

① 关联规则中的每一个影响因素/船员不安全行为代表网络的一个节点。

② 关联规则中的 LHS 和 RHS 分别表示两个相邻节点 $i$ 和 $j$，每条关联规则形成网络的有向边。

③ 关联规则的置信度为边的权重 $w_{ij}$。

| LHS | RHS | 置信度 |
|---|---|---|
| R1 | R3 | 1.00 |
| R3 | R5 | 0.95 |
| R2 | R3 | 0.91 |
| R2 | R4 | 0.88 |
| R1 | R4 | 0.85 |

| 因素 | R1 | R2 | R3 | R4 | R5 |
|---|---|---|---|---|---|
| R1 |  | 0 | 1.00 | 0.85 | 0 |
| R2 | 0 |  | 0.91 | 0.88 | 0 |
| R3 | 0 | 0 |  | 0 | 0.95 |
| R4 | 0 | 0 | 0 |  | 0 |
| R5 | 0 | 0 | 0 | 0 |  |

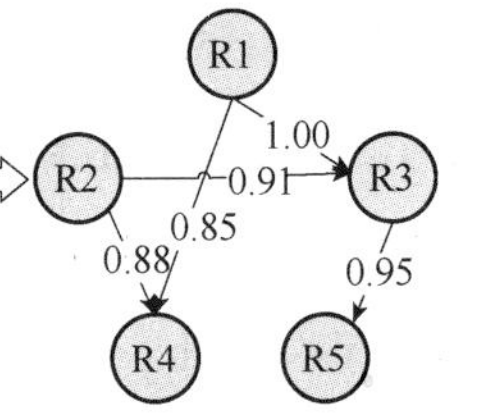

图 4-1 将关联规则映射到有向赋权网络的示意图

注：R1~R5 代表风险因素。

### 4.1.2 网络的拓扑特征

每个网络具有特定的拓扑特征，用于描述其连通性、交互和动态演化过程。分析网络的拓扑特征可以系统地了解网络结构，并有效识别出网络中的关键节点及其动态交互特性[87]。本章构建的复杂网络将基于以下特征指标进行评估。

（1）网络密度

网络密度（Density）用于刻画网络中节点间相连边的密集程度，是网络中实际存在的边数与最大可能的边数之比。有向网络的密度 $d(G)$ 计算公式为：

# 第4章 复杂网络视角下船员不安全行为及其影响因素的交互研究

$$d(G) = \frac{M}{N(N-1)} \tag{4-2}$$

式中，$M$ 表示网络中实际存在的边数；$N$ 表示网络中节点的总数。

（2）度

复杂网络中节点的度（Degree）是最基本的网络拓扑特征。节点的度代表节点与其他节点连接的边数。在有向网络中，节点的度可以分为出度 $d_{out}(i)$ 和入度 $d_{in}(i)$。节点的出度表示从节点 $i$ 到其他节点的边数，而节点的入度表示从其他节点到节点 $i$ 的边数，计算公式为[46]：

$$d_{out}(i) = \sum_{j \in V} a_{ij} \tag{4-3}$$

$$d_{in}(i) = \sum_{j \in V} a_{ji} \tag{4-4}$$

$$d(i) = \sum_{j \in V} a_{ji} + \sum_{j \in V} a_{ij} \tag{4-5}$$

网络中所有节点的度的平均值称为网络的平均度，用 $<d(i)>$ 表示，计算公式为：

$$<d(i)> = \frac{1}{N} \sum_{i=1}^{N} d(i) \tag{4-6}$$

式中，$N$ 表示网络中节点的总数。

（3）平均路径长度和直径

平均路径长度（Average Path Length）是指网络中所有可能节点对之间的最短路径的平均值，用 $L$ 表示，可以量化网络的距离级别，计算公式为[87]：

$$L = \frac{1}{N(N-1)} \sum_{i<j} l_{i,j} \tag{4-7}$$

式中，$N$ 表示网络中节点的总数；$l_{i,j}$ 是节点 $i$ 和 $j$ 之间最短路径的边数。

网络直径（Diameter）是指网络中任意两个节点之间的最大距离，即所有 $l_{i,j}$ 中的最大值。网络直径用于衡量网络的紧凑程度。直径越小，网络连接越紧密。

（4）加权聚类系数

聚类系数（Clustering Coefficient）是指节点的邻接节点也相互连接的概率，可以用于测量网络节点之间的聚合情况，用 $C_i$ 表示，计算公式为[164]：

$$C_i = \frac{2 d_i'}{d_i(d_i-1)} \tag{4-8}$$

式中,$d'_i$ 表示节点 $i$ 的邻接节点之间也相连的边数;$d_i$ 代表节点 $i$ 与其他节点相连的边数。

节点的聚类系数越高,其他节点围绕其聚类的可能性越大。整个网络的聚类系数是所有节点的聚类系数的平均值。在有向赋权网络中,聚类系数还需要考虑边的权重。Barrat 等[165]定义了加权聚类系数 $C_i^w$ 的计算公式:

$$C_i^w = \frac{1}{s_i(d_i - 1)} \sum_{j,h} \frac{w_{ij} + w_{ih}}{2} a_{ij} a_{ih} a_{jh} \quad (4\text{-}9)$$

式中,$s_i$ 是节点 $i$ 的所有相邻边的权重之和;$a_{ij}$、$a_{ih}$ 和 $a_{jh}$ 是邻接矩阵的元素;$d_i$ 代表节点 $i$ 与其他节点相连的边数;$w_{ij}$ 代表从节点 $i$ 到节点 $j$ 的边的权重;$w_{ih}$ 代表从节点 $i$ 到节点 $h$ 的边的权重。

(5)介数中心性

节点的介数(Betweenness)是指网络中的所有最短路径经过该节点的次数,用于描述节点在全局网络中的媒介作用,用 $B_i$ 表示,计算公式为[87]:

$$B_i = \sum_{j \neq i \neq h} \frac{N_{jh}(i)}{N_{jh}} \quad (4\text{-}10)$$

式中,$N_{jh}$ 是连接节点 $j$ 和 $h$ 的最短路径数量;$N_{jh}(i)$ 是连接节点 $j$ 和 $h$ 且经过节点 $i$ 的最短路径的数量;$N$ 表示网络中节点的总数。

节点的介数中心性用节点的归一化介数表征,用 $C_{B(i)}$ 表示,计算公式为:

$$C_{B(i)} = \frac{2B_i}{(N-1)(N-2)} \quad (4\text{-}11)$$

网络的结构与功能联系紧密,拓扑结构决定功能,功能影响拓扑结构演化。基于上述网络拓扑特征,存在几种不同类型的复杂网络结构[87]:

①规则网络。如果网络中的节点根据给定规则连接(通常指的是每个节点的相邻节点数相等),则生成的网络是规则网络。

②随机网络。如果网络中的所有节点没有连接规则,只具有纯粹的随机连接,则生成的网络是随机网络。

③小世界网络。如果网络的平均聚类系数明显大于由同一组节点构成的随机网络的平均聚类系数,同时它的平均路径长度较短,则该网络是小世界网络。

## 第4章 复杂网络视角下船员不安全行为及其影响因素的交互研究

④无标度网络。如果网络中大多数节点的度值较小,而少数节点的度值更大,即网络的度分布服从幂律分布,则该网络是无标度网络。

这4种典型的网络结构特征如表4-1所示。

典型的网络结构特征       表 4-1

| 网络类型 | 度分布 | 平均路径长度 | 聚类系数 |
| --- | --- | --- | --- |
| 规则网络 | 函数 | 大 | 大 |
| 随机网络 | 泊松分布 | 小 | 小 |
| 小世界网络 | 指数分布 | 小 | 大 |
| 无标度网络 | 幂律分布 | 小 | 小 |

### 4.1.3 网络的节点重要度

将复杂网络用于风险分析时,关键节点挖掘和评估是复杂网络研究中的重要内容。一般来说,节点重要度取决于节点所在的网络模型和拓扑结构。学者们从不同的研究角度出发,提出了多种节点重要度评估方法,例如中心性算法[75]、K壳分解法[166]以及PageRank算法[84]。其中,PageRank算法是Google开发的用于衡量特定页面相对于搜索引擎中其他页面的重要度的专有算法,是识别有向复杂网络中节点重要度的经典方法[167]。其基本思想是,节点的重要度由节点之间的输入输出关系决定。PageRank算法为有向网络中每一个节点赋予一个初始PageRank值,以表示节点在初始状态下的重要度,然后进行迭代,直到收敛为止[168]。在迭代过程中,每个节点将其当前PageRank值平均地分配给本节点的所有连出边,然后每个节点将所有指向本节点的边所分配的PageRank值相加,获得新的PageRank值。不断迭代直到结果收敛,以获得节点的最终PageRank值。需要注意的是,节点的PageRank值在网络上形成了一个概率分布,因此所有节点的PageRank值之和将为1。节点 $i$ 的PageRank值PR可定义为:

$$\mathrm{PR}_i = \gamma \sum_{j \in V} \frac{a_{ji}}{d_{\mathrm{out}}(j)} \mathrm{PR}_j + \frac{1-\gamma}{N} \qquad (4-12)$$

式中,$\gamma \in [0,1]$ 表示阻尼因子(damping factor),确保算法不会陷入"下沉节点",一般默认为0.85;$N$ 是网络中的节点数量。

此定义基于随机冲浪者模型。假设一个互联网冲浪者不断点击将其带到不同网页的链接,在概率为$(1-\gamma)$的情况下,通过随机选择一个网页作为新的初始状态来重新启动这个过程,其中$\gamma$是冲浪者在当前过程中继续点击的概率。模型中包含的阻尼因子确保了当冲浪者到达一个没有出站链接的网页(下沉节点)时,这个过程不会被迫终止。

本章拟构建的船员不安全行为及其影响因素的交互网络属于有向赋权网络,因此,考虑到网络的加权特征,利用加权 PageRank 算法来进行节点重要度分析,计算公式为[169]:

$$\mathrm{PR}_i = \gamma \sum_{j \in V} \frac{w_{ji}}{s_{\mathrm{out}}(j)} \mathrm{PR}_j + \frac{1-\gamma}{N} \tag{4-13}$$

式中,$w_{ji}$是节点$j$指向节点$i$的边的权重;$s_{\mathrm{out}}(j)$是节点$j$的所有输出边的权重之和;$\gamma \in [0,1]$表示阻尼因子;$N$是网络中的节点数量。

### 4.1.4 网络的社区发现

复杂网络通常具有局部聚集性。根据网络中不同节点之间连接的紧密程度,可以认为网络是由不同的"簇"组成的。"簇"中的节点连接更紧密,而不同"簇"之间的节点连接较为稀疏,这个"簇"就被称为网络中的社区结构[170]。社区(Community)可以反映网络中个体行为的局部特征及其交互关系。探究船员不安全行为及其影响因素交互网络中的社区结构有助于理解全局网络的结构和功能,并且进一步发现网络中船员不安全行为和影响因素之间的典型交互模式,相同模式代表着节点之间存在相同的风险机制,比模式之外的节点更容易进行风险传播。

目前,常用的社区结构发现算法包括基于图分割的社区发现算法、基于聚类的社区发现算法、基于模块度最大化的社区发现算法以及基于随机游走策略的社区发现算法[172]。

基于随机游走策略的社区发现算法认为网络中的随机游走往往会"陷入"与社区相对应的密集连接部分,由此,Pons 和 Latapy[173]提出了一种基于随机游走的顶点间相似性度量方法。该方法能够高效地发现网络的社区结构,当网络中节点少于 1000 个时,此方法可以有效地进行社区发现研究[174]。该方法的基本思想是:短距离随机游走倾向于停留在同一个社区中。网络 $G$ 上的随机游走

由它的转移矩阵 $P$ 驱动,$P$ 可以根据网络 $G$ 的邻接矩阵 $A$ 得到。长度 $t$ 的随机游走可以用矩阵 $P^t$ 表示,其中 $P^t_{ij}=(P^t)_{ij}$ 是第 $t$ 步中从节点 $i$ 到节点 $j$ 的概率。参数 $t$ 的设置应该使随机游走足够长,以确保能够收集到关于网络拓扑结构的足够信息,但也不应过长,以免达到均衡分布。然后,从完全非群集分区开始,计算所有相邻节点之间的距离,公式为:

$$r_{ij}=\|D^{-\frac{1}{2}}P^t_{i.}-D^{-\frac{1}{2}}P^t_{j.}\| \tag{4-14}$$

式中,$\|.\|$ 是欧几里得范数;$P^t_{i.}$ 是 $P^t$ 的第 $i$ 行;$P^t_{j.}$ 是 $P^t$ 的第 $j$ 行;$D$ 是节点的度对角矩阵。

当相邻节点属于不同的社区时,则 $r_{ij}$ 较大;反之,则 $r_{ij}$ 较小。

对于图 $G=G(V,E)$,社区发现是指在图 $G$ 中发现 $n$ 个社区,其集合 $C=\{C_1, C_2,\cdots,C_n\}$,各社区的顶点属于 $V$。$P^t_{Cj}$ 代表在 $t$ 步内从社区 $C$ 到某顶点 $j$ 的概率向量,计算公式为:

$$P^t_{Cj}=\frac{1}{|C|}\sum_{i\in C}P^t_{ij} \tag{4-15}$$

由此,给定两个社区 $C_1,C_2\subset V$,两个社区之间的距离 $r_{C_1C_2}$ 为:

$$r_{C_1C_2}=\|D^{-\frac{1}{2}}P^t_{C_1.}-D^{-\frac{1}{2}}P^t_{C_2.}\| \tag{4-16}$$

接下来,选择两个相邻的社区,将它们合并为一个新的社区,并更新社区之间的距离,重复这一过程,使当前划分中所有社区对之间的变化 $\Delta\sigma(C_1,C_2)$ 最小,计算公式为:

$$\Delta\sigma(C_1,C_2)=\frac{1}{n}\frac{|C_1||C_2|}{|C_1|+|C_2|}r^2_{C_1C_2} \tag{4-17}$$

随着研究的深入,学者们提出了许多社区发现方法。评价和比较这些方法所发现的社区结果的质量至关重要。针对基于随机游走的顶点间相似性度量方法,本章采用了最具代表性的模块度指标对社区发现的结果进行评价。Clauset 等[175]提出了用模块度(Modularity)这一指标来评价划分网络结构之后各个社区的结构紧密程度。其基本思想是:社区内节点之间的连接概率应大于其他社区内节点之间的连接概率。模块度的取值在 0~1 之间。当模块度值等于 0 时,说明复杂网络中所有节点被划分在同一社区内。一般来说,当模块度值在 0.3~0.7 之间时,认为被发现的社区具有良好的社区结构[175]。模块度 $Q$ 计算公式为:

$$Q = \frac{1}{2m} \sum_{i,j} \left( A_{ij} - \frac{d_i d_j}{2m} \right) \delta(c_i, c_j) \tag{4-18}$$

式中,$m$ 是边的数量;$A_{ij}$ 是邻接矩阵 $A$ 第 $i$ 行第 $j$ 列中的元素;$d_i$ 和 $d_j$ 分别是节点 $i$ 和 $j$ 的度数;$\delta(c_i, c_j)$ 用于判断节点 $i$ 和 $j$ 是否都在同一社区,若在同一社区,则 $\delta(c_i, c_j) = 1$,否则等于 0。

## 4.2 基于关联规则的船员不安全行为及其影响因素复杂交互网络

本章将关联规则技术与复杂网络理论相结合,根据第 3 章得到的频繁项集结果,从中生成关联规则以构建船员不安全行为及其影响因素的交互网络。首先,采用试错法来设置阈值,经过反复试验后设定最小置信度为 0.1,提升度大于 1,共生成 504 条关联规则。然后,进一步分析这些关联规则中前置条件和后置条件之间的相互作用关系,根据第 3 章建立的船员不安全行为及其影响因素的分析和分类模型,删除具有反向或不合理关系的规则。最后,保留了 260 条关联规则,如图 4-2 所示。在图 4-2 中,每个气泡代表一条关联规则,气泡的大小表示提升度大小。可以发现,大多数关联规则的置信度在 0.2~0.6 之间,支持度大多位于 0.02~0.1 之间。表 4-2 展示了置信度排名前 10 位的关联规则。置信度最高的关联规则显示在"公司操作规程/规章制度不规范"(O7)的情况下,有 94.92% 的概率出现"安全管理不到位"(S4)的问题。

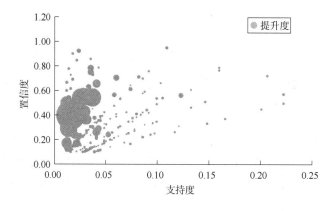

图 4-2 关联规则气泡图

## 第4章 复杂网络视角下船员不安全行为及其影响因素的交互研究

置信度排名前 10 位的关联规则　　　　　　　　　　表 4-2

| 排序 | LHS | RHS | 支持度 | 置信度 | 提升度 |
| --- | --- | --- | --- | --- | --- |
| 1 | {O7} | {S4} | 0.1092 | 0.9492 | 2.4468 |
| 2 | {S8} | {S2} | 0.0234 | 0.9231 | 3.3824 |
| 3 | {U15} | {U17} | 0.0175 | 0.9000 | 2.0162 |
| 4 | {U28} | {U17} | 0.0351 | 0.8571 | 1.9201 |
| 5 | {S8} | {S4} | 0.0214 | 0.8462 | 2.1813 |
| 6 | {E4} | {U17} | 0.1598 | 0.7885 | 1.7663 |
| 7 | {P12} | {U17} | 0.0429 | 0.7857 | 1.7601 |
| 8 | {E1} | {U20} | 0.0351 | 0.7826 | 5.0185 |
| 9 | {S1} | {S4} | 0.0136 | 0.7778 | 2.0050 |
| 10 | {E3} | {U17} | 0.1598 | 0.7664 | 1.7168 |

根据生成的 260 条关联规则，基于第 4.1.1 节提出的复杂网络构建方法，利用 R 语言的 igraph 包，开发了具有 53 个节点和 260 条有向边的船员不安全行为及其影响因素交互网络，如图 4-3 所示。圆圈代表节点，箭头代表有向边。

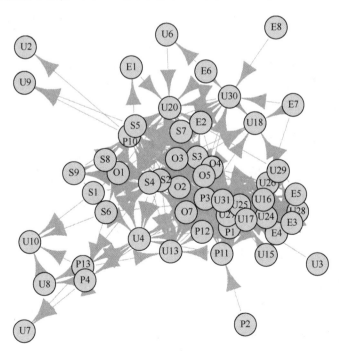

图 4-3　船员不安全行为及其影响因素的交互网络

## 4.3 网络的拓扑特征分析

复杂网络理论为分析船员不安全行为及其影响因素的交互网络提供了一系列特征指标，有助于深入了解船员不安全行为的发生过程，认识船员不安全行为的风险演化特性。因此，本章基于复杂网络理论，从密度、度、平均路径长度、加权聚类系数、介数中心性等方面进行船员不安全行为及其影响因素交互网络的拓扑特征分析，对降低船员不安全行为风险以及预防海上事故的发生具有指导意义。

### 4.3.1 网络规模和密度

网络规模体现在网络中节点和边的数量。在本章已构建的船员不安全行为及其影响因素的交互网络中，包括53个节点，代表53个船员不安全行为或影响因素，以及260条有向边，代表船员不安全行为及其影响因素之间的作用关系。

网络密度用于衡量网络中船员不安全行为及其影响因素之间的紧密程度。船员不安全行为及其影响因素的交互网络由53个节点和260条有向边组成，网络中最大可能存在的边数为2756条，根据公式(4-2)，可得到该网络的密度为0.094，网络整体紧密程度较低，结构相对分散，这表明船员不安全行为的风险演化路径具有一定规律性。

### 4.3.2 网络的节点度数

复杂网络中节点的度是分析网络拓扑结构最重要和最基本的特征之一。在本章已构建的船员不安全行为及其影响因素的交互网络中，节点的度是指与船员不安全行为及其影响因素直接关联的其他船员不安全行为及其影响因素的数量。节点的度反映了节点在网络中的直接影响力，一个节点的连接越多，该节点在网络中的影响就越大。

船员不安全行为及其影响因素交互网络中节点的入度、出度和总度值如图4-4所示。可以看出，入度较大的节点包括"未能对当时危险局面做出充分估计"(U31)、"未及早地采取有效的避碰行动"(U25)、"未正确发出声响和灯光信号"(U16)等，这些节点会受到相邻节点的显著影响，可能导致严重后果。其中,"未能对当时危险局面做出充分估计"(U31)的入度值最大,值为22,但是出度值只有5,这表明在船员不安全行为及其影响因素的交互网络中有22种船员不安全行为及其影响因素可以导致船员未能对当时危险局面做出充分估计。另一方面,具有高出度的节点包括"缺少监督指导"(S2)、"公司操作规程/规章制度不规范"(O7)、"安全管理不到位"(S4),这些节点对相邻节点的直接影响更大。总度值最大的节点是"未能对当时危险局面做出充分估计"(U31)和"缺少监督指导"(S2),度值为27;其次是"安全管理不到位"(S4)、"未保持正规瞭望"(U17)。这些总度值较大的节点是船员不安全行为及其影响因素交互网络中的关键节点,对这些影响因素和船员不安全行为进行主动预防,可以有效降低网络的连通性。

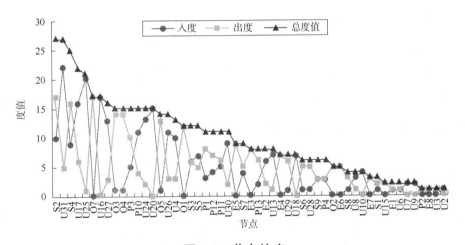

图 4-4 节点的度

此外,网络的平均度值为9.81,这表明网络中每个节点平均与9.81个其他节点有密切联系,即网络中每个船员不安全行为或影响因素的变化平均可引起与该船员不安全行为或影响因素有直接影响和作用关系的9.81个船员不安全行为或影响因素的变化。

## 4.3.3 网络的平均路径长度和直径

网络的平均路径长度是指网络中所有节点对之间最短路径长度的平均值。在本章已构建的船员不安全行为及其影响因素交互网络中,平均路径长度可以表示船员不安全行为及其影响因素在网络中的风险传播速率。如果网络的平均路径长度越短,说明节点之间所需经过的中间节点越少,表明船员不安全行为及其影响因素在网络中的风险传播速率越快。根据公式(4-7),船员不安全行为及其影响因素交互网络的平均路径长度为 1.8048,这表示网络中任何一个船员不安全行为或影响因素的状态发生变化平均仅通过 1.8048 步就能够引起非邻接的其他船员不安全行为或影响因素发生变化。

此外,该网络的直径为5,是"缺少监督指导"(S2)到"驾驶台资源未充分利用"(P4)的距离,这表明在船员不安全行为及其影响因素的交互网络中,任意一个船员不安全行为或影响因素影响到另外一个船员不安全行为或影响因素最多需要 5 步。

### 4.3.4 网络的加权聚类系数

聚类系数指的是网络中节点的邻接点之间也互相连接的比例。在本章已构建的船员不安全行为及其影响因素交互网络中,利用加权聚类系数来反映船员不安全行为及其影响因素的聚集性,结果如图 4-5 所示。"未审核航线计划"(S1)、"管理人员未纠正错误"(S8)、"设备故障"(E1)、"未充分履行停泊值班安全职责"(U6)、"值班时或值班前4小时内饮酒"(U7)、"违反船舶作业规程"(U9)、"未正确显示号灯号型"(U15)、"未遵守船舶在能见度不良时的行动规则"(U28)的加权聚类系数为1,这表明在网络中这些船员不安全行为或影响因素一旦发生变化,极易导致其相邻的船员不安全行为或影响因素发生连锁反应甚至引起系统内较大范围的灾变,因此有必要加强对这些船员不安全行为和影响因素的预控,以减少随之带来的连锁反应。

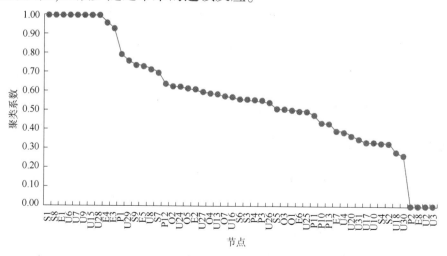

图 4-5 网络节点的加权聚类系数

船员不安全行为及其影响因素交互网络的平均加权聚类系数是指所有船员不安全行为及其影响因素聚类程度的平均情况，其值为0.6203，这表明网络中的节点倾向于围绕在具有高聚类系数的枢纽节点周围，通过较少的边就能产生风险交互。此外，未加权的网络聚类系数为0.6042，这说明基于权重的影响，网络中船员不安全行为及其影响因素之间的关系更为聚集。

### 4.3.5 网络的介数中心性

介数是指网络中的所有最短路径经过该节点的次数。在本章已构建的船员不安全行为及其影响因素交互网络中，介数能够反映船员不安全行为及其影响因素在风险传播过程中起到的媒介作用。节点的介数值越大，那么节点在网络中的媒介作用就越强。节点的介数中心性是指节点的归一化介数，结果如图4-6所示。船员不安全行为及其影响因素的交互网络中有23个节点的介数中心性为0，这表明这23个节点在网络中没有起到与其他节点之间的媒介作用。"缺少监督指导"（S2）的介数中心性值最大，约为0.0370，这表明网络中经过该节点的最短路径数目最多；其次是"安全管理不到位"（S4）和"驾驶台配员等级不满足值班要求"（U4），介数中心性值分别为0.0230和0.0204。在船员不安全行为及其影响因素交互网络中，阻止这些船员不安全行为和影响因素的出现，可以有效增加网络的平均路径长度和直径，减弱网络中船员不安全行为和影响因素之间的连通性，有助于降低网络中船员不安全行为和影响因素的传播速率。

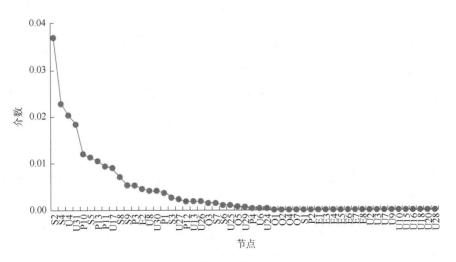

图4-6 网络节点的介数中心性

### 4.3.6 网络的小世界特性

小世界特性体现为网络同时具有较大的聚类系数(大于0.1)和较短的平均路径长度(小于10)。通过船员不安全行为及其影响因素交互网络的拓扑特征分析可知,该网络同时具有较大的聚类系数(0.6203)以及较短的平均路径长度(1.8048),属于典型的小世界网络。

网络的小世界特性意味着网络中的大多数节点之间可能并不相连,但是大多数节点能够仅通过较短的路径就与网络中其他任意节点相互连接。同时,网络中的某些节点具有高聚集性,对于网络的形成与演化起着重要作用。这表明船员不安全行为及其影响因素的交互网络具有较好的连通性,节点之间的相互关联具有随机性和不确定性,这就导致了船员不安全行为在海上事故中风险传播的速度快、范围广。同时某些船员不安全行为及其影响因素在海上事故的形成和发展过程中起着重要作用,应给予重点管控。网络的小世界特性增大了海上安全风险管控的难度,有必要明确网络中具有高风险传播能力的节点,厘清典型的船员不安全行为风险传播路径。

## 4.4 基于 PageRank 算法的节点重要度分析

PageRank 算法通过考虑节点之间的输入输出关系来确定节点的重要度。在本章已构建的船员不安全行为及其影响因素的交互网络中,PageRank 值代表船员不安全行为及其影响因素的风险传播能力。本节采用加权 PageRank 算法,获取船员不安全行为及其影响因素的交互网络中所有节点的重要度,如图4-7所示。可以看出排名前11位的节点都属于船员不安全行为,其次是不安全行为前提条件层面的"安全意识淡薄"(P10)。整体而言,不安全监督层面的影响因素要比其他层面的影响因素的重要度高,即具有更强的风险传播能力。表4-3列举了网络中重要度排名前10位和后10位的节点。"未正确发出声响和灯光信号"(U16)具有最高 PageRank 值,其次是"未及早地采取有效的避碰行动"(U25)和"应急处置措施不当"(U20)。可以发现,重要度排名前10位的节点都属于船员不安全行为,这证实了船员不安全行为是导致海上事故发生的直接原因,对重要度更高的船员不安全行为进行有效管控可以阻止风险的传播,从而减

第 4 章　复杂网络视角下船员不安全行为及其影响因素的交互研究

少海上事故的发生。另一方面,网络中重要度排名后 10 位的节点大多属于影响因素,除了属于船员不安全行为的"未保持助航仪器处于常开工作状态"(U3)。此外,在其余 9 个影响因素中,有 5 个属于外部环境因素,这表明对此类外部客观影响因素实施风险管理可能收效甚微。

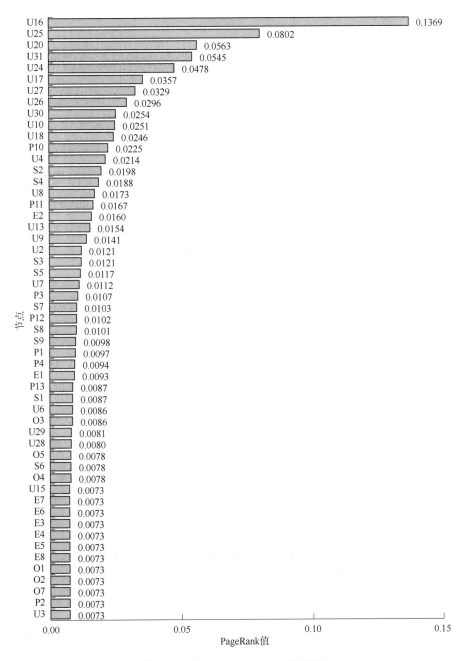

图 4-7　节点 PageRank 值排序

表 4-3 重要度排名前 10 位和后 10 位的节点

| 排序 | 节点 | PageRank 值 |
| --- | --- | --- |
| 1 | 未正确发出声响和灯光信号(U16) | 0.1369 |
| 2 | 未及早地采取有效的避碰行动(U25) | 0.0802 |
| 3 | 应急处置措施不当(U20) | 0.0563 |
| 4 | 未能对当时危险局面做出充分估计(U31) | 0.0545 |
| 5 | 未采用安全航速(U24) | 0.0478 |
| 6 | 未保持正规瞭望(U17) | 0.0357 |
| 7 | 未遵守船舶在互见中的行动规则(U27) | 0.0329 |
| 8 | 未遵守狭水道等特殊水域航行规则(U26) | 0.0296 |
| 9 | 未充分估计当前环境对船舶操纵的影响(U30) | 0.0254 |
| 10 | 值班人员未按规定核对航向、船位(U10) | 0.0251 |
| 44 | 强风浪影响(E6) | 0.0073 |
| 45 | 通航环境复杂(E3) | 0.0073 |
| 46 | 通航密集(E4) | 0.0073 |
| 47 | 能见度不良(E5) | 0.0073 |
| 48 | 外部管理缺陷(E8) | 0.0073 |
| 49 | 设备配置不充分(O1) | 0.0073 |
| 50 | 船舶适航证书无效(O2) | 0.0073 |
| 51 | 公司操作规程/规章制度不规范(O7) | 0.0073 |
| 52 | 船岸沟通不畅(P2) | 0.0073 |
| 53 | 未保持助航仪器处于常开工作状态(U3) | 0.0073 |

## 4.5 基于随机游走的社区发现研究

本节采用基于随机游走策略的社区发现方法,对已构建的船员不安全行为及其影响因素的交互网络进行社区提取,多角度探究船员不安全行为的风险演化规律。为了得到较高的模块度值,经过反复试验,发现当随机游走的步长 $t$ 设置为 4 时,模块度值(0.3631)最大且大于 0.3,这表明社区发现的结果具有较好

# 第4章 复杂网络视角下船员不安全行为及其影响因素的交互研究

的社区结构。如图4-8所示,船员不安全行为及其影响因素的交互网络被划分为5个社区,需要注意的是社区之间存在着相邻节点,这意味着不同社区之间依然存在风险传播的可能性,但与社区内部相比,其风险交互作用更弱。为了进一步探究船员不安全行为及其影响因素交互网络中的风险传播模式,分别对这5个社区进行具体分析。

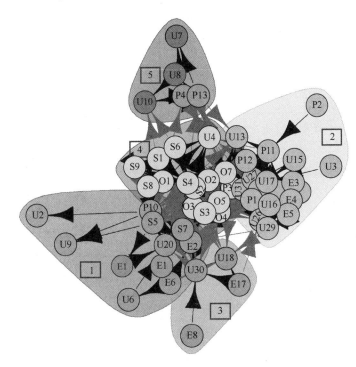

**图4-8 网络的社区发现结果**

社区1包括"检查维护不当"(S5)、"货物条件缺陷"(S7)、"安全意识淡薄"(P10)、"设备故障"(E1)、"船舶进水"(E2)、"强风浪影响"(E6)、"船舶作业时未穿戴或正确使用防护用品"(U2)、"未充分履行停泊值班安全职责"(U6)、"违反船舶作业规程"(U9)以及"应急处置措施不当"(U20)10个节点。该社区涉及4种典型的船员不安全行为风险传播路径,如图4-9所示:

①由于船舶的日常检查维护不当,在航行作业时设备(舵机、主机等)突发故障,加之船员安全意识淡薄等原因,导致船员应急处置措施不及时、不适当,最终导致海上事故的发生。

②受强风浪以及船舶空载/满载/超载/货物装载不当的影响,船舶甲板上浪、船舱内部进水,由于船员安全意识淡薄等原因,船员在未使用安全绳、穿着救

生衣等适当的保护措施的前提下,就前往主甲板进行边舱作业,应急处置措施不当,最终有极大的可能性导致人员落水以及船舶自沉事故发生。

③船舶处于停泊状态下,受强风浪影响,船位激荡且可能发生走锚等情况,由于船员未充分履行停泊值班安全职责,没有对船舶进行常规巡视,使得船员未能及时发现当前危险,未做出任何应急措施或者应急处置措施不及时,最终很可能导致船舶触碰事故发生。

④由于船舶的日常检查维护不当,加之船员安全意识淡薄等原因,船员在进行动火作业时,违反作业规程,极易导致火灾、爆炸事故发生。

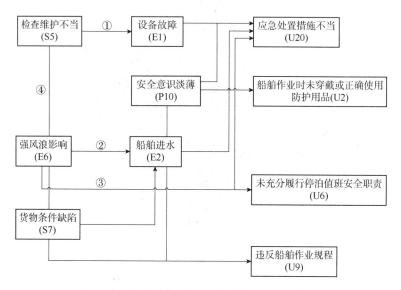

**图 4-9 船员不安全行为风险交互社区 1 示意图**

社区 2 包括"公司操作规程/规章制度不规范"(O7)、"通航环境复杂"(E3)、"通航密集"(E4)、"能见度不良"(E5)、"船舶间沟通不畅"(P1)、"态势感知缺失"(P11)、"注意力不集中"(P12)、"未保持正规瞭望"(U17)、"未采用安全航速"(U24)、"未及早地采取有效的避碰行动"(U25)等 21 个节点。该社区涉及的节点数量最多,主要包括 3 种船员不安全行为风险传播路径,且具有典型的碰撞事故特征,如图 4-10 所示:

①当前环境存在潜在风险时,岸上海事有关部门未及时准确地提供航行指导,船岸沟通不畅,导致船员态势感知丧失,同时船员未充分利用助航仪器,未保持正规瞭望,从而未能对当前危险局面做出充分估计,由此,引起后续一系列的船员不安全行为出现(U24、U25、U26、U27)。

# 第4章 复杂网络视角下船员不安全行为及其影响因素的交互研究

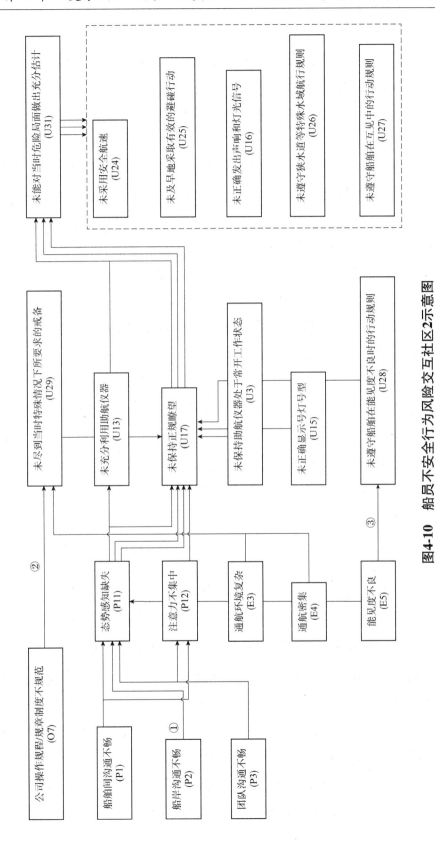

图4-10 船员不安全行为风险交互社区2示意图

②由于公司操作规程/规章制度不规范,导致船员在通航环境复杂或周围船舶密集的情况下,未尽到当时特殊情况下所要求的戒备,同时船舶之间以及驾驶台团队内部未能建立起有效的合作沟通,使得船员对当前环境丧失态势感知、注意力分散,未能够保持正规瞭望,进而,将导致后续一系列船员不安全行为的出现(U31、U24、U25、U26、U27)。

③船员未保持AIS等助航仪器处于常开工作状态,且在能见度受限的情况下,未遵守船舶在能见度不良时的行动规则,加之船员态势感知丧失,使得船员未保持正规瞭望,以致未能对当前危险局面做出充分估计,从而,可能导致后续一系列船员不安全行为的出现(U16、U24、U25、U26)。

社区3包括"潮汐流作用"(E7)、"外部管理缺陷"(E8)、"未控制好船位"(U18)以及"未充分估计当前环境对船舶操纵的影响"(U30)4个节点。该社区涉及2种船员不安全行为风险传播路径,具有典型的触碰事故特征,如图4-11所示:

①当前水域处于涨潮/退潮情况下,由于船员未充分估计当前环境对船舶操纵的影响,在离靠泊过程中,未控制好船位,可能导致船舶发生触碰事故。

②由于码头公司等外部组织的管理存在缺陷,使得航行环境中存在潜在风险,由于船员未充分估计当前环境对船舶操纵的影响,在潮汐流作用下,未控制好船位,可能导致船舶发生触碰事故。

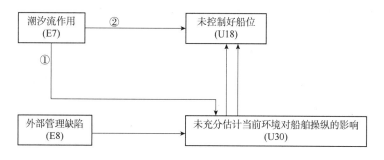

**图4-11 船员不安全行为风险交互社区3示意图**

社区4包括"设备配置不充分"(O1)、"船舶适航证书无效"(O2)、"教育培训不足"(O3)、"配员数量不足"(O4)、"适任能力不足"(O5)、"未审核航线计划"(S1)、"缺少监督指导"(S2)、"超核定航区航行"(S3)、"安全管理不到位"(S4)、"航线计划不当"(S6)、"管理人员未纠正错误"(S8)、"管理人员无视安全管理规定"(S9)、"驾驶台配员等级不满足值班要求"(U4)13个节点。该社区涉及3种船员不安全行为风险传播路径,如图4-12所示:

①船舶的设备配置不充分,例如缺少纸质版海图、海图未及时更新等问题,导致船员在制定航线计划时存在疏漏,使得航线计划具有潜在危险,同时,由于船员接受的安全教育培训不足,船上未落实船公司的安全管理制度,并且缺少有效的监督指导,导致船长未严格审核航线计划,可能引起船员不安全行为的出现,使得船舶搁浅事故发生。

②船舶属于内河船,船上船员未接受过海上航行训练,船上未落实船公司的安全管理制度,缺少监督指导,管理人员无视有关规定,使得内河船舶超出核定航区航行,加之船员的适任能力不足且配员数量不足,导致驾驶台配员等级不满足值班要求,最终导致海上事故发生。

③管理人员已知船上设备存在缺陷的情况下,由于所接受的安全教育培训不足,以及船上未落实船公司的安全管理制度,无视当前情况存在的可能风险,未及时处理该问题,为船员不安全行为的出现埋下隐患。

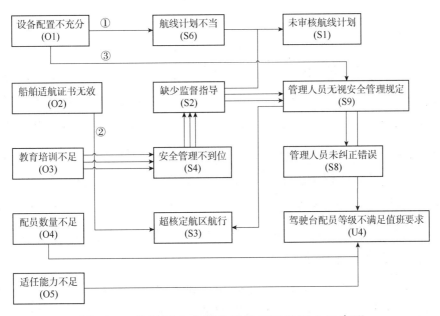

**图 4-12　船员不安全行为风险交互社区 4 示意图**

社区 5 包括"疲劳"(P13)、"驾驶台资源未充分利用"(P4)、"值班人员未按规定核对航向、船位"(U10)、"值班时或值班前 4 小时内饮酒"(U7)、"值班人员在驾驶台睡着"(U8)5 个节点。该社区具有典型的船舶搁浅事故特征,如图 4-13 所示。船员处于疲劳状态下,可能存在值班前 4 小时内饮酒的情况,并且在驾驶台值班时未充分利用 BNWAS(驾驶室航行值班报警系统)等警报系统,导致值班人员在驾驶台睡着,从而未按规定核对航向、船位,最终可能导致船舶搁浅事故发生。

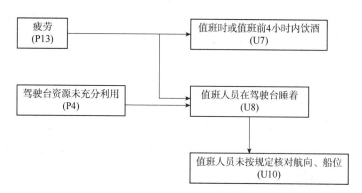

图 4-13 船员不安全行为风险交互社区 5 示意图

## 4.6 本章小结

本章基于第 3 章的船员不安全行为及其影响因素的频繁项集结果,从复杂网络的角度,引入关联规则技术,构建了具有 53 个节点、260 条边的有向赋权的船员不安全行为及其影响因素交互网络,避免了传统复杂网络构建过程中边的权重过于依赖专家打分的缺陷,为船员不安全行为风险交互研究提供新途径。通过分析该网络的拓扑特征性质,进一步了解船员不安全行为的风险演化特性及规律。然后,采用加权 PageRank 算法,得到网络中所有船员不安全行为和影响因素的重要度排序,明确船员不安全行为及其影响因素交互网络中的高风险节点。最后,基于随机游走的社区发现算法,探究船员不安全行为的典型风险传播路径。本章结论概述如下:

①基于网络拓扑特征分析,充分展示了船员不安全行为及其影响因素的交互网络中节点的风险演化特性,该网络具有较大的聚类系数(0.6203)以及较短的平均路径长度(1.8048),属于典型的小世界网络,这表明某些船员不安全行为及其影响因素在海上事故的形成和发展过程中起着重要作用,因此应给予重点关注,特别是那些度值大、聚类系数大、介数中心性强的船员不安全行为及其影响因素。

②利用加权 PageRank 算法,明确该网络中船员不安全行为及其影响因素的重要度,证实了船员不安全行为是导致海上事故发生的直接原因,对重要度更大

的不安全行为进行有效管控可以阻止风险的传播,从而减少海上事故的发生。节点重要度的结果为下一步进行海上事故类型及其严重性预测模型的构建提供有力支撑。

③基于随机游走的社区发现算法,船员不安全行为及其影响因素的交互网络被划分为 5 个社区,厘清了 13 条船员不安全行为的典型风险传播路径,对分析船员不安全行为和影响因素的局部交互模式具有重要意义。

本章的研究内容拓展了船员不安全行为风险交互研究的深度和广度,揭示了船员不安全行为的风险演化特性,厘清风险传播路径,为后续海上事故类型及其严重性的预测研究提供有力支撑。

# 第 5 章 船员不安全行为风险交互下的海上事故类型及严重性预测研究

通过构建准确可靠的事故预测模型,有助于参与海上活动的利益相关方评估当前的风险状况,主动预防海上事故发生。本章考虑船员不安全行为及其影响因素的交互作用,从海上事故类型和事故严重性两个角度分别构建可解释的预测模型。首先,利用第 4 章获取的船员不安全行为及其影响因素交互网络中的节点重要度进行特征选择,建立多个异质个体学习器,分别利用随机搜索和网格搜索算法进行超参数优化;然后,基于 Stacking 集成学习算法,引入选择性集成学习思想,提出一种平衡模型准确性和差异性的两阶段选择性集成学习方法,分别构建海上事故类型及严重性预测模型;通过模型性能评估与鲁棒性分析,检验该模型的预测准确性、稳健性以及泛化能力;引入 SHAP 方法,量化输出海上事故类型及严重性预测与船员不安全行为及其影响因素之间的映射关联;最后,利用船员不安全行为及其影响因素的交互模拟数据,演示海上事故类型及严重性预测模型在船员不安全行为及其影响因素交互作用下的实际应用。

## 5.1 研究数据预处理

### 5.1.1 数据概况

本章依然采用前述船员不安全行为及其影响因素数据集,构建海上事故类型和事故严重性预测模型。在该数据集中,各海上事故类型的占比如图 5-1 所示,碰撞事故的比重最大,其次是搁浅事故、触碰事故、自沉事故以及火灾/爆炸事故。在海上事故严重性方面,本章根据死亡/失踪人数将海上事故的严重程度分为3类,即重大的事故(≥10人)、较大事故(1~10人)和小事故(0人)。在该数据集中,各事故严重性占比如图5-2所示,小事故的比重最大,其次是较大事故和重大事故。

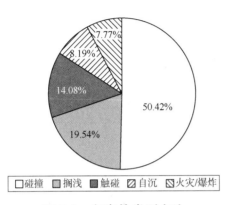

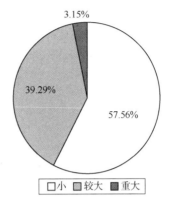

图 5-1　各事故类型占比　　　　　图 5-2　各事故严重程度占比

此外,考虑到目标变量为海上事故类型和事故严重性,本章在上述船员不安全行为及其影响因素的基础上,结合事故报告中能够提取到的数据,并参考相关文献,新增了6个事故属性变量,包括季节[176]、事故时间[157]、船舶类型[115]、船舶总吨[14]、船舶长度[51]以及船龄[47,157],基本统计信息可见表5-1。在事故发生的季节方面,没有特别明显的差异,春季发生海上事故的频率略高。在事故时间方面,白天的时间范围是7点到19点,夜晚的时间范围是19点到次日7点,其中夜晚发生海上事故的频率较高。在船舶类型方面,货船发生海上事故的频率最高。对船舶总吨、船舶长度和船龄3个连续变量,进行离散化处理。船舶总吨被分为4类,其中小于1000吨的船舶发生海上事故的频率最高,其次是1001~5000吨的船舶。船舶长度被分为了两类,其中船长小于或等于100米的船舶发生海上事故的频率更高。船龄被分为了两类,其中船龄大于10年的船舶发生海上事故的频率较高。

事故变量的频率统计　　表 5-1

| 编码 | 变量 | 属性 | 频率 |
|---|---|---|---|
| A1 | 季节 | 1:春季;2:夏季;3:秋季;4:冬季 | 1:29.20%;2:20.38%;3:25.00%;4:25.42% |
| A2 | 事故时间 | 1:白天;2:夜晚 | 1:41.18%;2:58.82% |

续上表

| 编码 | 变量 | 属性 | 频率 |
|------|------|------|------|
| A3 | 船舶类型 | 1:货船;2:集装箱船;3:油轮;4:客船;5:渔船;6:其他 | 1:45.17%;2:8.61%;3:9.45%;4:4.41%;5:9.03%;6:23.33% |
| A4 | 船舶总吨(吨) | 1:≤1000;2:1001~5000;3:5001~10000;4:>10000 | 1:33.41%;2:32.53%;3:9.17%;4:24.89% |
| A5 | 船舶长度(米) | 1:≤100;2:>100 | 1:61.40%;2:38.60% |
| A6 | 船龄(年) | 1:≤10;2:>10 | 1:49.49%;2:50.51% |

### 5.1.2 不平衡数据处理

机器学习模型的预测精度取决于数据集的质量。特别是,不平衡的数据分布可能对模型的预测性能产生不利影响[177]。本章使用的船员不安全行为及其影响因素数据集包括240起碰撞事故(50.42%)、93起搁浅事故(19.54%)、67起触碰事故(14.08%)、39起自沉事故(8.19%)以及37起火灾/爆炸事故(7.77%),数据分布不平衡。同时,在事故严重性方面,该数据集包括274起小事故(57.56%)、187起较大事故(39.29%)以及15起重大事故(3.15%),也存在严重的数据不平衡问题。在将数据随机分成训练和测试数据集后,这种不平衡仍然存在。在这种情况下,本章使用自适应合成采样(Adaptive Synthetic Sampling,ADASYN)方法来平衡数据集。生成合成数据的过程如下[178]:

首先,计算少数类的合成样本总数,以开发一个平衡的数据集:

$$D = (N_l - N_s)\alpha \tag{5-1}$$

式中,$N_l$ 和 $N_s$ 分别表示多数类和少数类的数据数量。在本章中,$\alpha$ 设定在 0.8~1 之间,结合海上事故的实际情况,以生成相对平衡的数据集。

对于每个少数样本 $S_i^{\text{Min}}$,找到基于欧式距离的 $k$ 个最近邻居,并计算比例 $R_i$:

$$R_i = \Delta_i / k \; (i = 1, 2, \cdots, N_s) \tag{5-2}$$

式中,$\Delta_i$ 是 $k$ 个最近邻居($k=5$)从 $S_i^{\text{Min}}$ 生成的聚类中的少数样本数。然后,$R_i$ 被归一化为 $\hat{R}_i$:

$$\hat{R}_l = \frac{R_i}{\sum_{i=1}^{N_s} R_i} \tag{5-3}$$

下一步是计算每个少数类需要生成的合成样本的数量 $N_i$，计算公式如下：

$$N_i = \hat{R}_1 \times D \tag{5-4}$$

从 1 到 $N_i$ 的每个少数类的合成数据 $S_i^S$ 通过以下公式生成：

$$S_i^S = S_i^{\text{Min}} + (S_{\text{random}}^{\text{Min}} - S_i^{\text{Min}}) \times \beta \tag{5-5}$$

式中，$S_{\text{random}}^{\text{Min}}$ 是从数据的 $k$ 个最近邻居中随机选择的少数数据；$\beta$ 是随机数，$\beta \in [0, 1]$。

最终，123 个合成数据被添加到"搁浅事故"中，131 个合成数据被添加到"触碰事故"中，153 个合成数据被添加到"自沉事故"中，176 个合成数据被添加到"火灾/爆炸事故"中，75 个合成数据被添加到"较大事故"中，242 个合成数据被添加到"重大事故"中。第 5.3 节比较了基于两个数据集（原始数据和 ADASYN 平衡数据）的预测性能，结果显示 ADASYN 技术可以减少有用信息的丢失和重复过采样导致的过拟合问题。

## 5.2 海上事故类型及严重性的预测方法

### 5.2.1 选择性集成学习

采用机器学习技术构建海上事故类型及严重性预测模型的目的是通过训练获得准确率高、泛化能力好、鲁棒性强的模型。但是在实际应用中，机器学习模型往往具有一定程度的偏好，不能完全满足需求。集成学习（Ensemble Learning，EL）是机器学习中最重要的研究方向之一，它通过结合几个弱学习器进行学习，然后基于某种规则对各个基学习器的结果进行整合，从而获得比单个学习器准确率更高、泛化能力更强的强学习器[179-180]。集成学习能够提高模型准确性以及鲁棒性，在解决分类和回归问题上表现突出。常见的集成学习算法有：Bagging（装袋）、Boosting（提升）和 Stacking（堆叠）。Bagging 集成学习算法和 Boosting 集成学习算法分别是采用并行集成和串行集成的经典同质集成学习算法，即使用相同的基学习算法进行集成。相比之下，Stacking 集成学习算法通常使用异质学习器并行开发多个基学习器，并在此基础上开发元学习器以实现最终预测结果的聚合[181]。相比于同质集成学习算法，Stacking 集成学习算法提高了模型的差异性，有助于提升模型的泛化能力。

Stacking集成学习算法使用分层融合的思想,通过元学习器聚合多个基学习器,以提高模型性能。为了避免过度拟合问题,元学习器通常选择结构简单的单机学习器,本章选择了支持向量机(SVM)作为元学习器。Stacking集成学习算法由两层组成,第一层由 $N$ 个异质基学习器组成,第二层为元学习器。首先,将原始数据集分为训练集和测试集,并对训练集进行 $k$ 折划分。然后,第一层中的个体学习器被训练 $k$ 次,并且第一层的输出被用作第二层的输入以训练元学习器。最后,元学习器输出最终预测结果。Stacking集成学习算法流程如图5-3所示。

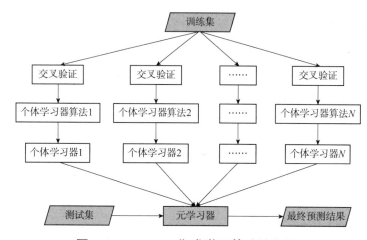

图 5-3 **Stacking 集成学习算法流程图**

尽管集成学习模型在进行风险预测方面具有优势,但随着个体学习器数量的增加,集成学习模型的预测速度显著降低。此外,一些表现不佳的个体学习器参与了集成学习,使得模型表现并不总是令人满意[182]。因此,Zhou等人[183]提出了选择性集成学习(Selective Ensemble Learning)的概念,并指出移除表现较差的个体学习器,仅选择其中一些学习器来构建集成学习模型,可以获得更好的预测性能并提高模型的泛化能力。选择性集成学习作为一种性能优异、前景广阔的新型机器学习技术,在海上安全领域尚未得到应用研究。

### 5.2.2 个体学习器

在本章中,采用7种机器学习算法来开发7个异质个体学习器,包括多元逻辑回归(Multinomial Logistic Regression, MLR)、反向传播(Back Propagation, BP)神经网络、支持向量机(Support Vector Machine, SVM)、K近邻(K-Nearest

Neighbor,KNN)、分类和回归树(Classification and Regression Tree,CART)、随机森林(Random Forest,RF)和极限梯度增强(Extreme Gradient Boosting,XGBoost)。之所以选择这些算法,是因为它们已经应用于其他交通领域中,并展示出较好的预测能力。此外,利用具有差异结构的个体学习器进行选择性集成学习有助于增强集成学习模型的泛化能力。下面,将对这7种机器学习算法进行简要介绍。

逻辑回归(Logistic Regression,LR)是一种模拟二元因变量概率的统计方法,它假设因变量和自变量的对数概率之间存在线性关系[184]。多元逻辑回归(MLR)可以定义为二元逻辑回归的扩展,应用于具有两个以上水平的因变量,它假设因变量的类别是完全独立的。在该算法中,对于每个类别变量,MLR 会建立单独的逻辑回归模型。每个模型都有自己的一组截距和回归系数,可以将其与参考类别进行比较,以获得预测该类别变量成功可能性的结果[185]。

反向传播(BP)神经网络是一种通过引入非线性变换来构建复杂关系的机器学习算法,属于常用的通过反向传播训练的神经网络结构[186]。BP 神经网络能学习和存储大量的输入、输出模式的映射关系,而无须提前揭示描述这种映射关系的数学函数。它使用最速下降法作为学习规则,通过反向传播来不断调整网络的权重和偏差,使网络的误差平方和最小。BP 神经网络由输入层、隐藏层、输出层组成。本章构建只有一层隐含层的 BP 神经网络模型,主要分为两个阶段:第一阶段是信号的正向传播,从输入层经过隐藏层,最后到达输出层;第二阶段是误差的反向传播,从输出层到隐藏层,最后到输入层,依次调节隐藏层到输出层的权重和偏差、输入层到隐含层的权重和偏差。

支持向量机(SVM)是一种使用核方法有效处理非线性数据的机器学习算法,它在处理小样本、非线性及高维变量时具有独特优势[102]。SVM 算法的基本思想是求解能够正确划分训练数据集并且具有最大几何间隔的分离超平面。针对线性不可分问题,该算法使用核方法寻找将数据分为两个或多个类的最优超平面,这通常是基于最近点的最大边缘来选择超平面以提高模型的分类精度。由于使用超平面作为决策边界会带来分类损失,SVM 引入损失函数来量化分类损失,以此定义经验风险来描述分类结果的准确性。然后,在求解系统中添加正则化项来优化结构风险。因此,SVM 是一个具有稀疏性和鲁棒性的分类器。

K 邻近(KNN)是最简单的机器学习分类算法之一,它克服了可扩展性问题,并且能够通过较少的计算时间产生较高的分类精度[92]。KNN 算法的基本思想是对于一个新的预测点,根据距离其最近的 $K$ 个点的类别来判断该预测点的类别。该算法通过计算异质类别数据集中的点和预测点的欧式距离并排序,选取与预测点距离最近的 $K$ 个数据点,然后,将 $K$ 个点出现频率最高的类别作为预测点的类别。

分类和回归树(CART)是一种以二叉树为逻辑结构的决策树算法,能够处理分类变量和连续变量。该算法包括树的生成和剪枝两个步骤。在树的递归增长过程中,自上而下建立根节点,每一个节点处要选择一个合适属性进行分裂。针对分类问题,该算法通常采用基尼系数来决定分裂属性。当每个类中的数据平均分布时,基尼系数的最大杂质值为 0.5。当存在单个类时,基尼系数的最小杂质值为 0。然后,对已生成的树进行剪枝并选择最优子树,剪枝标准是损失函数最小。最后,当识别出树的所有分支中具有预测类的所有叶节点时,树的生长过程停止。

随机森林(RF)是一种基于决策树的 Bagging 集成学习算法,使用简单且可以处理过拟合问题,具有较高的准确性和泛化能力[103]。该算法包括两个主要阶段:森林的生成和决策阶段。首先,RF 将训练样本随机分成 $n$ 个样本,随机选择特征构建 $n$ 个 CART。然后,集成所有个体决策树的分类结果,投票确定最终分类结果。由于 RF 算法的随机性,能够有效减小模型的方差,因此 RF 通常不需要进行剪枝就能够取得较强的泛化能力。

极限梯度提升(XGBoost)是一种基于梯度提升决策树的 Boosting 集成学习算法,通过使用正则化技术和控制树的复杂性来提高模型的精度[187]。该算法的优越性主要体现在学习过程中使用的目标函数。目标函数由损失函数和正则化项组成,其中,损失函数可以计算每个估计值与实际值之间的差异,正则化项能够控制模型的复杂性,同时避免了模型的过度拟合。此外,XGBoost 使用损失函数的二阶泰勒展开来实现目标函数的最小化。因此,XGBoost 不仅能够提供快速的计算处理,而且基于其稳健的结构能够得到较为可靠的结果。

每个算法都包含多个可用于优化模型精度的超参数。在本章中,将先后使用随机搜索和网格搜索对超参数进行调优,结合 10 倍交叉验证并进行 100 次迭代,以确定具有最佳预测准确率的超参数集。其中,随机搜索法是从搜索空间中随机选取超参数进行组合,并通过性能估计策略来测试相应组合的准确性;而网格搜索法是指定参数值的一种穷举搜索方法,从搜索空间中将各个超参数可能的取值进行排列组合,通过交叉验证的方法进行优化以得到最优的学习算法。

### 5.2.3 两阶段选择性集成学习方法

在确定个体机器学习算法,并在训练集上优化超参数,从而开发出具有良好预测性能的多个个体学习器后,形成个体学习器集合 $L$。然后,进行 Stacking 集成学习模型的基学习器选择,形成基学习器集合 $E$。本章综合衡量模型的准确性和差异性,提出了一种两阶段的选择性集成学习方法。

①准确性阶段:首先,移除预测准确率低的个体学习器,然后选择预测表现最优的个体学习器作为集成学习模型的初始基学习器,以保证模型准确性的最低限度。

②差异性阶段:基于向前搜索思想,依次选择差异性最大的个体学习器进行集成,以提高模型的泛化能力。

具体步骤如下:

步骤1:从 $L$ 中移除预测准确率未超过75%的个体学习器。其目的在于避免表现不佳的个体学习器带来的消极影响。

步骤2:从个体学习器集合 $L$ 中选择初始基学习器 $E_1$,并将其移动到集成学习模型的基学习器集合 $E$ 中。初始基学习器要求选择具有最佳预测性能的个体学习器,综合考虑准确率(Accuracy)、精准率(Precision)、召回率(Recall)和F1分数(F1 score)共4个评价指标。

步骤3:从 $L$ 的剩余个体学习器中选择第二个基学习器 $E_2$,并将其移动到集成学习模型的基学习器集合 $E$ 中。第二个基学习器要求选择与 $E_1$ 差异最大的个体学习器,综合考虑Q统计和双次失败度量(Double Fault,DF)两个差异性度量指标。然后,计算此时基于 $E$ 中的基学习器所构建的 Stacking 集成学习模型的预测性能。

步骤4:从 $L$ 的剩余个体学习器中选择第三个基学习器 $E_3$,并将其移动到集成学习模型的基学习器集合 $E$ 中。第三个基学习器要求选择与基于 Bagging 组

合策略集成的 $E_1$ 和 $E_2$ 模型差异最大的个体学习器。然后,计算此时基于 $E$ 中的基学习器所构建的 Stacking 集成学习模型的预测性能。

步骤5:重复该过程,直到 $L$ 在 $E$ 中重新排列成新序列。

步骤6:选择能够使 Stacking 集成学习模型的预测性能达到最优的前 $n$ 个学习器作为基学习器。

(1) 模型评价指标

为了理解4个模型评价指标的基本含义,表5-2提供了一个三分类的混淆矩阵的示例。矩阵中的列和行分别表示预测类别和实际类别。例如,$N_{11}$ 表示实际为类别1、预测结果也是类别1的数据的数量;$N_{12}$ 表示实际为类别1、预测结果是类别2的数据的数量。

三分类混淆矩阵示例　　　　　表5-2

| 实际 | 预测 | | |
|---|---|---|---|
| | 类别1 | 类别2 | 类别3 |
| 类别1 | $N_{11}$ | $N_{12}$ | $N_{13}$ |
| 类别2 | $N_{21}$ | $N_{22}$ | $N_{23}$ |
| 类别3 | $N_{31}$ | $N_{32}$ | $N_{33}$ |

准确率(Accuracy)指的是正确预测的观测值与总观测值(TN)的比例,计算公式如下:

$$\text{Accuracy} = \frac{\sum_{i=1}^{3} N_{ii}}{\text{TN}} \tag{5-6}$$

精准率(Precision)指的是特定类别下正确预测的观测值与该类别中所有预测值的比例,计算公式如下:

$$\text{Precision}_1 = \frac{N_{11}}{\sum_{i=1}^{3} N_{i1}} \quad (\text{类别}1) \tag{5-7}$$

$$\text{Precision} = \left( \frac{N_{11}}{\sum_{i=1}^{3} N_{i1}} + \frac{N_{22}}{\sum_{i=1}^{3} N_{i2}} + \frac{N_{33}}{\sum_{i=1}^{3} N_{i3}} \right) \bigg/ 3 \tag{5-8}$$

召回率(Recall)指的是特定类别下正确预测的观测值与该类别中所有实际观测值的比例,计算公式如下:

$$\text{Recall}_1 = \frac{N_{11}}{\sum_{j=1}^{3} N_{1j}} \quad (\text{类别 1}) \tag{5-9}$$

$$\text{Recall} = \left( \frac{N_{11}}{\sum_{j=1}^{3} N_{1j}} + \frac{N_{22}}{\sum_{j=1}^{3} N_{2j}} + \frac{N_{33}}{\sum_{j=1}^{3} N_{3j}} \right) \Big/ 3 \tag{5-10}$$

F1 分数(F1 score)是根据精确率和召回率计算的指标,用于表示模型的泛化能力,其计算公式如下:

$$F1\text{-score} = \frac{2 \times \text{Precison} \times \text{Recall}}{\text{Precison} + \text{Recall}} \tag{5-11}$$

(2) 差异性度量

在介绍 Q 统计和双次失败度量之前,需要说明以下内容:假设有 $L$ 个基学习器,组成了两个不同的学习器 $C_i$ 和 $C_j (i,j=1,2,\cdots,L,i \neq j)$。对于两个不同的学习器,$N^{11}(N^{00})$ 是两个学习器 $C_i$ 和 $C_j$ 同时正确(错误)分类的样本数,$N^{10}(N^{01})$ 代表 $C_i(C_j)$ 分类正确但是 $C_j(C_i)$ 分类错误的样本数,总样本数 $N$ 可以表示为 $N = N^{11} + N^{10} + N^{01} + N^{00}$,如表 5-3 所示。

**两个学习器的分类结果组合情况** 表 5-3

| 分类 | $C_j$ 正确 | $C_j$ 错误 |
| --- | --- | --- |
| $C_i$ 正确 | $N^{11}$ | $N^{10}$ |
| $C_i$ 错误 | $N^{01}$ | $N^{00}$ |

两个学习器 $C_i$ 和 $C_j$ 的 Q 统计计算公式如下:

$$Q_{ij} = \frac{N^{11}N^{00} - N^{10}N^{01}}{N^{11}N^{00} + N^{10}N^{01}} \tag{5-12}$$

若 $C_i$ 和 $C_j$ 总是同时分类正确或错误,则 $N^{10}$ 和 $N^{01}$ 越小,$Q_{ij}$ 越大,这两个学习器之间的差异性越低;反之,若 $C_i$ 和 $C_j$ 的分类结果都不相同,则 $Q_{ij}$ 越小,这两个学习器之间的差异性越高。

两个学习器 $C_i$ 和 $C_j$ 的双次失败度量($\text{DF}_{ij}$)计算公式如下:

$$\mathrm{DF}_{ij} = \frac{N^{00}}{N} \qquad (5\text{-}13)$$

若 $C_i$ 和 $C_j$ 总是同时分类错误,则 $N^{00}$ 越大,$\mathrm{DF}_{ij}$ 越大,这两个学习器的准确性和差异性越低。

### 5.2.4 可解释性方法

在机器学习模型的实际应用中,通常不会仅局限于提高模型的性能,而是会继续思考模型结果的形成原因,这有助于优化模型的性能,同时更好地理解模型本身。因此,每个机器学习过程都必须包含模型解释这一步骤。机器学习模型的可解释性越强,人们就越容易理解模型的内部机制,以及模型为什么会做出某些预测。机器学习模型的可解释性研究的重要性体现在两个方面:

①机器学习模型在实践中的应用,需要在可解释性的基础上提高社会认可度,以避免不适当的现象发生。由于机器学习模型可能会从数据集中学习到一些偏见,这可能导致在使用模型时出现不适当的问题。例如,在使用本章构建的海上事故类型及其严重性预测模型时,不能够只知道"可能发生碰撞事故或者严重事故"之类的预测结果,更应该明确该预测结果是因为哪些船员不安全行为和影响因素造成的。

②机器学习模型一般是通过分析和学习历史数据来预测未来的行为。即使模型在测试数据集上表现优异,也不能保证在实际应用中不会出现错误。随着时间的推移,外部环境的任何变化都可能导致模型性能的下降。在这种情况下,模型的可解释性的价值便体现在能够对模型输出的结果进行分析,有助于理解出错的原因,从而进行模型的优化。

Shapley 加和解释(Shapley Additive Explanations, SHAP)作为一种新兴的模型解释方法,通过计算每一个特征的 Shapley 值,来衡量该特征对模型输出结果的影响[188]。特征 $i$ 的 Shapley 值 $\phi_i$ 计算公式为[104]:

$$\phi_i = \sum_{S \subseteq F \setminus \{i\}} \frac{|S|!\,(|F|-|S|-1)!}{|F|!} f_{S \cup \{i\}}(x_{S \cup \{i\}}) - f_S(x_S) \qquad (5\text{-}14)$$

式中,$S$ 是模型中使用的特征子集;$F$ 代表所有特征的集合;$f_{S \cup \{i\}}(x_{S \cup \{i\}})$ 代表输入特征 $i$ 和特征子集 $S$ 时的模型输出值;$f_S(x_S)$ 代表仅输入特征子集 $S$ 时的模型输出值。

## 5.3 基于选择性集成学习的海上事故类型预测模型构建

### 5.3.1 个体学习器构建

特征选择是机器学习的研究重点之一,其目的在于减少特征变量的数量,提高模型的准确率,缩短模型的运行时间。考虑到海上事故中船员不安全行为的复杂风险演化特性,本章基于第4.4节中船员不安全行为及其影响因素交互网络的节点重要度排序,将船员不安全行为和影响因素依次输入预测模型中进行特征选择。为了探究具有高风险传播能力的节点对于预测结果的影响,本章从 PageRank 值排在第20位的"违反船舶作业规定"(U9)开始,逐一增加变量作为数据特征,以保证前20个高风险节点能够作为预测模型的输入变量。此外,本章还增加了6个事故属性变量(季节、事故时间、船舶类型、船舶总吨、船舶长度以及船龄),与上述船员不安全行为及其影响因素共同构建预测模型,即对总计59个特征变量进行特征选择。

由于基于两阶段选择性集成学习方法的海上事故类型预测模型还未构建完成,本章利用随机森林(RF)和支持向量机(SVM)来进行特征选择,综合考虑两个模型的预测准确率来确定最终的特征选择结果。随机森林是基于 Bagging 的集成学习算法,支持向量机是经典的单机分类算法,这两种都是常见的机器学习分类/预测算法,并且能够获得较好的模型性能。结果如图5-4所示。

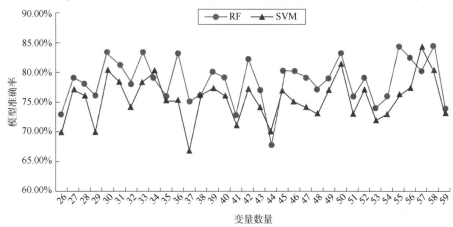

**图5-4 特征选择结果**

从图 5-4 中可以看出,随机森林(RF)模型和支持向量机(SVM)模型的预测准确率一直处于波动状态,但是两个模型的准确率的趋势基本一致,直至变量数量增加到 50 时,随机森林(RF)模型和支持向量机(SVM)模型的准确率分别达到了 83.46% 和 81.54%,两个模型具有较好且相近的预测表现。虽然当后续特征数量继续增加时,随机森林(RF)模型和支持向量机(SVM)模型分别达到了各自的最高预测水平,但是二者的预测结果存在较大差异,因此,本书并未对此进行考虑。最终,本章选择前 50 个变量(PageRank 值排名前 44 位的船员不安全行为及其影响因素以及新增的 6 个事故属性因素)用于后续预测模型的构建。

然后,基于特征选择的结果,输入这 50 个特征变量,分别构建 7 个异质个体学习器。为了保证个体学习器具有较好的模型表现,本章对各个体学习器进行超参数调优。首先,采用随机搜索算法,结合 10 倍交叉验证和 100 次迭代进行大范围的超参数优化搜索。具体过程如下:将全部数据分成 10 个子集,依次选择每个子集作为验证集,其余 9 个子集作为训练集,得到 10 组训练集和验证集。在指定范围内(表 5-4 第 2 列),随机选取一组超参数集合构建 10 个模型,根据模型的准确率衡量超参数集合的表现。将以上过程迭代 100 次,输出具有最高模型准确率的超参数集合,结果如表 5-4 第 3 列所示。在此基础上,缩小超参数的搜索范围,利用网格搜索和 10 倍交叉验证,对超参数进行细化调优,得到最终的超参数集合,用于后续模型构建,结果如表 5-4 第 4 列所示。

**个体学习器的超参数调优结果** 表 5-4

| 学习器 | 参数范围 | 随机搜索 | 网格搜索 |
| --- | --- | --- | --- |
| MLR | 最大迭代次数:1~200 | 21 | 21 |
| BP | 最大迭代次数:1~500;隐含层神经元个数:5~20 | 46;10 | 40;10 |
| SVM | 惩罚系数:0.1~10;gamma:0~5 | 0.73;0.0253 | 0.8;0.023 |
| KNN | 邻居个数:1~20 | 12 | 12 |
| CART | 最小分支节点数:1~20;最大深度:1~20 | 9;16 | 10;17 |
| RF | 特征数量:2~10;决策树数量:10~1000;最大深度:1~20 | 5;608;14 | 7;596;12 |
| XGBoost | 最大深度:3~20;损失函数系数:0~5;最小叶子节点样本权重和:1~6;随机采样比例:0.5~1;随机采样的列数的占比:0.5~1 | 8;1.34;1.15;0.939;0.914 | 10;1.3;1.11;0.8;1 |

将数据集随机划分为训练集(80%)和测试集(20%)。根据超参数调优结果分别建立7个异质个体学习器,并形成个体学习器集合 $L$,此时,$L=\{$MLR,BP,SVM,KNN,CART,RF,XGBoost$\}$。7个个体学习器在测试集上的预测表现如图5-5所示。结果表明,随机森林(RF)模型的预测表现最优,准确率达到85.42%,F1分数为81.23%;其次是支持向量机(SVM)模型,准确率为82.29%。

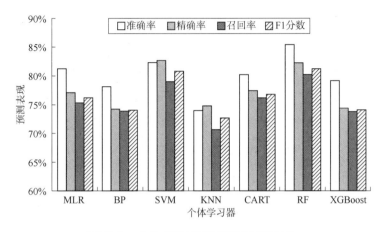

图 5-5 个体学习器的预测表现对比

### 5.3.2 选择性集成学习模型构建

本章提出的基于选择性集成学习和SHAP的海上事故类型预测模型是利用R语言的mlr3以及shapper等包构建的。根据第5.2.3节中提出的平衡模型准确性和差异性的两阶段选择性集成学习方法,本章在已建立的7个个体学习器中,综合衡量模型准确性和差异性,只选择部分学习器作为基学习器进行Stacking集成,以期获得更好的模型表现。基学习器的选择过程如下:

步骤1:删除预测准确率未超过75%的个体学习器。如图5-5所示,K邻近(KNN)模型的预测准确率为73.96%,未超过75%。因此,将其从个体学习器集合 $L$ 中移除,以避免表现不佳的个体学习器带来的消极影响。此时,$L=\{$MLR,BP,SVM,CART,RF,XGBoost$\}$。

步骤2:从个体学习器集合 $L$ 中选择初始个体学习器。从图5-5可以看出,随机森林(RF)模型的预测表现最好,其预测准确率达到85.42%,且F1分数达到81.23%。因此,选择随机森林(RF)模型作为初始个体学习器 $E_1$。此时,$L=\{$MLR,BP,SVM,CART,XGBoost$\}$,$E=\{$RF$\}$。

步骤3:从个体学习器集合 $L$ 中选择第二位个体学习器。分别计算 $L$ 中剩余个体学习器和 $E_1$ 之间的 Q 统计值和 DF 值,结果分别如表5-5和表5-6的第3行所示。支持向量机(SVM)模型与随机森林(RF)模型之间的 Q 统计值和 DF 值最小,即差异性最大。因此,选择支持向量机(SVM)模型作为第二位个体学习器 $E_2$。此时,$L=\{MLR,BP,CART,XGBoost\}$,$E=\{RF,SVM\}$。

步骤4:从个体学习器集合 $L$ 中选择第三位个体学习器。分别计算 $L$ 中剩余个体学习器与基于 Bagging 组合策略的 $E_1$ 和 $E_2$ 之间的 Q 统计值和 DF 值,结果分别如表5-5和表5-6的第4行所示。极限梯度增强(XGBoost)模型与基于 Bagging 集成的支持向量机(SVM)和随机森林(RF)模型之间的 Q 统计值和 DF 值最小,即差异性最大。因此,选择极限梯度增强(XGBoost)模型作为第三位个体学习器 $E_3$。此时,$L=\{MLR,BP,CART\}$,$E=\{RF,SVM,XGBoost\}$。

步骤5:重复该过程,直到 $L$ 在 $E$ 中重新排列成新序列。在该过程中,个体学习器之间的 Q 统计值和 DF 值可见表5-5和表5-6。最终,$E=\{RF,SVM,XGBoost,MLR,CART,BP\}$。

步骤6:选择能够使 Stacking 集成学习模型的预测性能达到最优的前 $n$ 个个体学习器作为基学习器。本章按照个体学习器在 $E=\{RF,SVM,XGBoost,MLR,CART,BP\}$ 中的顺序,分别计算个体学习器数量对 Stacking 集成学习模型的影响,结果如图5-6所示。当选择前3个个体学习器(RF、SVM 和 XGBoost)进行组合时,集成学习模型的预测表现最优。因此,本章选择随机森林(RF)、支持向量机(SVM)和极限梯度增强(XGBoost)作为基学习器,构建海上事故类型的预测模型。

**个体学习器之间的 Q 统计值结果** 表5-5

| 模型 | Q 统计值 | | | | |
|---|---|---|---|---|---|
| | SVM | XGBoost | MLR | CART | BP |
| RF 模型 | 0.9103 | 0.9677 | 0.9774 | 0.9507 | 0.9330 |
| Bagging 集成的 RF 和 SVM 模型 | | 0.8780 | 0.9889 | 0.9633 | 0.9771 |
| Bagging 集成的 RF、SVM、XGBoost 模型 | | | 0.8842 | 0.9103 | 0.9330 |
| Bagging 集成的 RF、SVM、XGBoost、MLR 模型 | | | | 0.8919 | 0.9379 |
| Bagging 集成的 RF、SVM、XGBoost、MLR、CART 模型 | | | | | 0.9346 |

个体学习器之间的 DF 值结果  表 5-6

| 模型 | DF 值 | | | | |
|---|---|---|---|---|---|
| | SVM | XGBoost | MLR | CART | BP |
| RF 模型 | 0.1250 | 0.1354 | 0.1458 | 0.1354 | 0.1345 |
| Bagging 集成的 RF 和 SVM 模型 | | 0.1146 | 0.1458 | 0.1354 | 0.1458 |
| Bagging 集成的 RF、SVM、XGBoost 模型 | | | 0.1146 | 0.1250 | 0.1345 |
| Bagging 集成的 RF、SVM、XGBoost、MLR 模型 | | | | 0.1250 | 0.1354 |
| Bagging 集成的 RF、SVM、XGBoost、MLR、CART 模型 | | | | | 0.1563 |

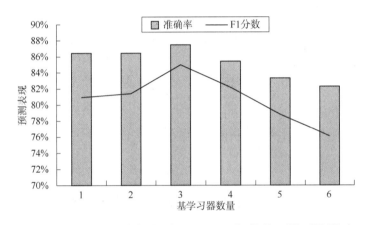

图 5-6 基学习器的数量对 Stacking 集成学习模型的影响

从图 5-6 可以发现,当选择前 3 个个体学习器(RF、SVM 和 XGBoost)进行集成时,基于 Stacking 的集成学习模型的准确率为 87.50%,F1 分数为 84.98%。与模型表现最优的个体学习器相比,选择性集成学习模型的准确率提高了 2.08%,F1 分数提高了 3.75%,这表明集成多个个体学习器可以提高模型的预测性能。然而,当集成了全部个体学习器时,模型的预测性能并不令人满意,准确率为 82.29%,F1 分数为 76.11%,这揭示了个体学习器过多导致的过度拟合问题,某些个体学习器的不佳表现影响了集成学习模型的可靠性。因此,在实际应用中,前 3 个个体学习器组合的 Stacking 集成学习模型有助于提高海上事故类型的可预测性。本章提出的选择性集成学习方法不仅去除了冗余的个体学习器,从而减小了集成的规模,还进一步提高了集成学习模型的预测精度和泛化能力。

### 5.3.3 模型性能评估

为了直观地评估本章构建的基于 Stacking 的选择性集成学习模型的预测性能,将该模型和其他 8 个预测模型进行比较分析,其中包括 5 个单机模型和 3 个集成学习模型。5 个单机模型是多元逻辑回归(MLR)、反向传播(BP)神经网络、支持向量机(SVM)、K 近邻(KNN)、分类和回归树(CART),三个集成学习模型是随机森林(RF)、极限梯度增强(XGBoost)以及由 RF、SVM、XGBoost 组成的 Bagging 集成学习模型。各模型性能的比较结果如图 5-7 所示。

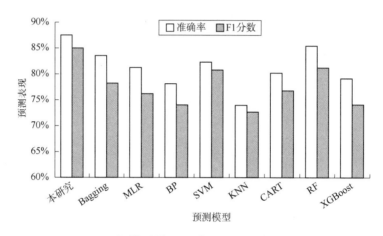

**图 5-7 各模型的预测表现对比(事故类型)**

结果表明,在单机学习模型中,支持向量机(SVM)模型具有最佳的预测性能(准确率是 82.29%,F1 分数是 80.80%),其次是多元逻辑回归(MLR)模型(准确率是 81.25%,F1 分数是 76.21%)以及分类和回归树(CART)模型(准确率是 80.21%,F1 分数是 76.81%)。K 近邻(KNN)模型的表现较差,准确率为 73.96%,F1 分数为 72.66%。对于 3 个集成学习模型,RF 模型具有最佳的预测性能(准确率是 85.42%,F1 分数是 81.23%),并且优于所有的单机学习模型,这表明集成学习模型的性能通常优于单机模型。然而,极限梯度增强(XGBoost)模型的预测性能仅优于 K 近邻(KNN)和反向传播(BP)神经网络模型,这表明总体集成学习模型可能会比单机模型表现得更差,这与上述选择性集成的结果类似。本章开发的预测模型的准确率为 87.50%,F1 分数为 84.98%,均高于其他模型。结果表明,该预测模型具有良好的泛化能力和较高的精度,可以有效地用于海上事故类型的预测。

## 第5章 船员不安全行为风险交互下的海上事故类型及严重性预测研究

由于海上事故类型的数据存在数据不平衡问题,本章分别在原始数据集和 ADASYN 平衡数据集上进行了模型训练和预测,如图 5-8 所示。图 5-8 比较了选择性集成学习模型在两个数据集上的预测表现,可以发现,通过平衡数据集的训练,模型的预测表现显著提高,预测准确率达到了 93.43%,且泛化能力也得到了提升,F1 分数为 93.77%。这表明该模型通过在平衡数据上的训练,可以达到更好的预测性能,有助于提升海上事故类型的预测表现。然而,值得注意的是,过采样技术的性能增益是有限的[102]。

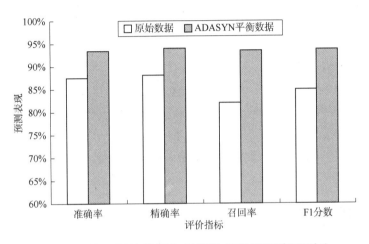

**图 5-8 使用原始数据和平衡数据的预测表现对比**

为了更好地理解基于 ADASYN 平衡数据集的模型预测结果,图 5-9 提供了预测海上事故类型的混淆矩阵结果,图 5-10 展示了该模型针对不同海上事故类型的预测表现。

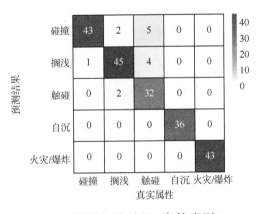

**图 5-9 混淆矩阵结果(事故类型)**

从图 5-9 中可以看出,船舶自沉事故和火灾/爆炸事故全部被正确分类,这意味着该模型可以有效地预测自沉以及火灾/爆炸事故。这一结果也反映在图 5-10 中,自沉事故和火灾/爆炸事故的预测精确率达到 100%。其次,触碰事故(94.12%)和搁浅事故(90.00%)的预测精确率也表现较好,但是触碰事故的召回率只有 78.05%,这意味着某些触碰事故被错误预测为其他事故类型。从混淆矩阵可以看出,有 9 起触碰事故被错误分类到了碰撞事故和搁浅事故类别中。

值得注意的是,本章使用的数据是人工整理的,在这一过程中可能存在主观失误,从而可能导致模型的错误预测。此外,碰撞事故的预测精确率为86.00%,模型表现较差,而召回率达到97.73%,这表明97.73%的碰撞事故都被成功预测。

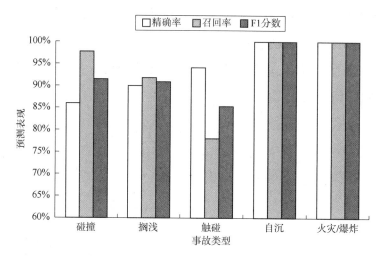

图 5-10 不同海上事故类型的模型预测表现

### 5.3.4 鲁棒性检验

在完成模型性能评估后,对海上事故类型的预测模型进行了鲁棒性检验。采用Sarkar等[92]提出的检验策略来验证上述9个模型的鲁棒性。用5个不同的随机种子(1%、2%、3%、5%和10%)将平衡数据集分成训练集和测试集,然后对每个训练集进行10倍交叉验证。如图5-11所示,本章所开发的海上事故类型的预测模型预测准确率较高且相对稳定,在不同数据划分条件下具有较强的鲁棒性。

### 5.3.5 基于SHAP的模型解释分析

为了明确海上事故类型的预测结果与船员不安全行为及其影响因素交互作用的映射关联,采用SHAP方法对构建的海上事故类型的预测模型进行可解释分析,结果如图5-12所示。由于特征变量的数量较多,将特征重要度较低的36个变量的结果进行了合并。同时,图5-12显示了模型的输入变量对于目标变量的正负作用,每一个点表示该特征在某一事故样本中对于预测结果所做的贡献,点的颜色代表特征值的高(浅)低(深)。

# 第 5 章 船员不安全行为风险交互下的海上事故类型及严重性预测研究

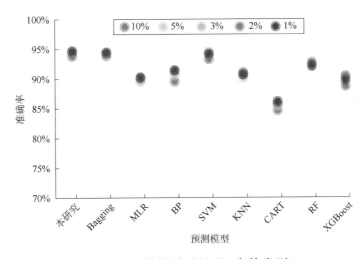

图 5-11 鲁棒性检验结果（事故类型）

碰撞事故的特征重要性结果如图 5-12a）所示。"未保持正规瞭望"（U17）对预测碰撞事故的影响最大，该特征值越高，发生碰撞事故的概率就越大。其次是"未及早地采取有效的避碰行动"（U25）和"未遵守船舶在互见中的行动规则"（U27），同样的，它们的特征值越大，发生碰撞事故的概率就越大。然而，在环境因素层面，"强风浪影响"（E6）和"船舶进水"（E2）对碰撞事故的发生起到反向作用，即特征值越小，发生碰撞事故的概率就越大。这表明在不受强风浪影响且船舶内部没有进水的情况下，如果船员未保持正规瞭望、未及早地采取有效的避碰行动以及未遵守船舶在互见中的行动规则，那么出现碰撞事故的可能性较高。此外，在事故属性中，"船舶类型"（A3）和"船龄"（A6）也对碰撞事故的发生起到反向作用。这意味着货船、集装箱船要比其他类型的船舶发生碰撞事故的可能性高，以及船龄小于 10 年的船舶发生碰撞事故的可能性较高。

搁浅事故的特征重要性结果如图 5-12b）所示，前 5 位对预测搁浅事故具有重要影响的特征都属于船员不安全行为。其中，"未保持正规瞭望"（U17）、"未及早地采取有效的避碰行动"（U25）以及"违反船舶作业规程"（U9）对搁浅事故的发生起到反向作用，即特征值越小，发生搁浅事故的概率越大。而"值班人员未按规定核对航向、船位"（U10）和"未充分利用助航仪器"（U13）对搁浅事故的发生起到正向作用，即特征值越大，发生搁浅事故的概率就越大。与碰撞事故类似，"强风浪影响"（E6）和"船舶进水"（E2）也对搁浅事故的发生具有重要作用；其中，"强风浪影响"（E6）对搁浅事故的发生起到正向作用，该特征值越大，发生搁浅事故的概率越大;"船舶进水"(E2)的作用与之相反。在不安全监督层面,"未审核航线计划"(S1)和"航线计划不当"(S6)对预测搁浅事故发生具有正向作用。

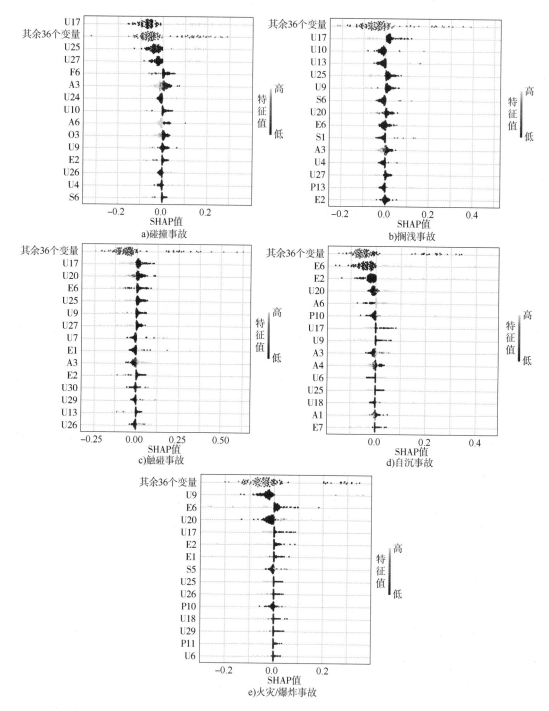

图 5-12　SHAP 特征重要性(事故类型)

这表明由于船舶的航线计划不当且未审核该航行计划,在强风浪情况下,如果值班人员未按规定核对航向、船位且未充分利用助航仪器,那么有很大可能发生搁浅事故。此外,在事故属性中,"船舶类型"(A3)对搁浅事故的发生起到重要作用,该特征值越小,发生搁浅事故的概率就越大,这意味着货船、集装箱船比其他类型的船舶发生搁浅事故的可能性大。

触碰事故的特征重要性结果如图 5-12c) 所示,排在第 1 位的重要特征依然是"未保持正规瞭望"(U17),其次是"应急处置措施不当"(U20),它们对预测触碰事故的发生具有反向作用。对预测触碰事故具有正向作用的船员不安全行为是"未充分估计当前环境对船舶操纵的影响"(U30)以及"未尽到当时特殊情况下所要求的戒备"(U29)。除了船员不安全行为对触碰事故的可预测性具有重要影响之外,环境因素也起到重要作用。其中,"强风浪影响"(E6)和"船舶进水"(E2)对触碰事故发生具有反向作用,特征值越小,发生触碰事故的概率就越大。"潮汐流作用"(E7)和"设备故障"(E1)对触碰事故发生具有正向作用,特征值越大,发生触碰事故的概率就越大。这表明当船舶突发故障且受到潮汐流的影响时,如果船员未充分估计当前环境对船舶操纵的影响且未尽到当时特殊情况下所要求的戒备,那么发生触碰事故的可能性较高。此外,在事故属性中,"船舶类型"(A3)对触碰事故的发生起到重要作用,该特征值越大,发生触碰事故的概率就越大。

自沉事故的特征重要性结果如图 5-12d) 所示,排在前 2 位的重要特征分别是"强风浪影响"(E6)和"船舶进水"(E2),这两个特征都属于环境因素且对预测自沉事故的发生具有正向作用。此外,"应急处置措施不当"(U20)以及"安全意识淡薄"(P10)对自沉事故的发生具有重要正向作用。这表明受强风浪影响,在船舶内部进水的情况下,如果船员的安全意识淡薄,应急处置措施不当,那么极易发生自沉事故。在事故属性中,"船舶类型"(A3)和"船龄"(A6)对自沉事故的发生起到正向作用,特征值越大,发生自沉事故的概率就越大。而"船舶总吨"(A4)和"季节"(A1)对自沉事故的发生起到反向作用,特征值越小,发生自沉事故的概率就越大,这说明总吨小于 1000 吨的船舶发生自沉事故的可能性较高,并且春夏季发生自沉事故的可能性比冬季要高。

火灾/爆炸事故的特征重要性结果如图 5-12e) 所示,排在第 1 位的重要特征是"违反船舶作业规程"(U9),该特征值越大,发生火灾/爆炸事故的概率就越大。在不安全监督层面,"检查维护不当"(S5)对预测火灾/爆炸事故具有正向作用,即特征值越大,发生火灾/爆炸事故的概率就越大。在环境因素中,"设备故障"(E1)、"船舶进水"(E2)以及"强风浪影响"(E6)对预测火灾/爆炸事故具有反向作用。此外,"安全意识淡薄"(P10)对预测火灾/爆炸事故的发生具有正向作用。这表明在船舶的日常检查维护不当的情况下,如果船员的安全意识淡薄,违反了船舶作业规程,那么发生火灾/爆炸事故的可能性较高。

## 5.4 基于选择性集成学习的海上事故严重性预测模型构建

海上事故严重性预测模型的构建基于同第5.3节中海上事故类型的预测模型相同的构建方法,本章不再赘述事故严重性预测模型的构建过程。采用与第5.3节所开发的海上事故类型预测模型相同的集成学习模型结构,即:随机森林(RF)、支持向量机(SVM)和极限梯度增强(XGBoost)作为基学习器,支持向量机(SVM)作为元学习器的Stacking集成学习模型。同时,由于海上事故严重性数据存在明显的数据不平衡问题,因此本节直接使用ADASYN平衡数据进行模型构建,特征变量依然选择相同的50个变量。

### 5.4.1 模型性能评估

同样,为了直观地评估本章所构建的海上事故严重性预测模型的模型性能,基于ADASYN平衡数据,对该模型和其他8个模型进行训练,其中包括5个单机模型和3个集成学习模型。5个单机模型包括多元逻辑回归(MLR)、反向传播(BP)神经网络、支持向量机(SVM)、K近邻(KNN)、分类和回归树(CART),3个集成学习模型包括随机森林(RF)、极限梯度增强(XGBoost)以及由RF、SVM、XGBoost组成的Bagging集成学习模型。各模型的预测表现如图5-13所示。

结果表明,在单机学习模型中,支持向量机(SVM)模型具有最佳的预测性能(准确率是81.76%,F1分数是81.91%),其次是反向传播(BP)神经网络模型(准确率是79.25%,F1分数是79.17%)和K近邻(KNN)模型(准确率是79.25%,F1分数是79.13%)。分类和回归树(CART)模型的表现较差,准确率为69.18%,F1分数为69.20%。对于3个集成学习模型,Bagging模型具有最佳的预测性能,准确率为82.39%,F1分数为82.56%,并且优于所有的单机学习模型,这也证实了集成学习模型的性能普遍优于单机模型,与第 5.3 节模型性能评估的结果类似。本书开发的海上事故严重性预测模型的准确率为 88.05%,F1 分数为 88.16%,均高于其他模型。结果表明,该预测模型具有较高的精度和良好的泛化能力,可以有效地用于海上事故严重性的预测。

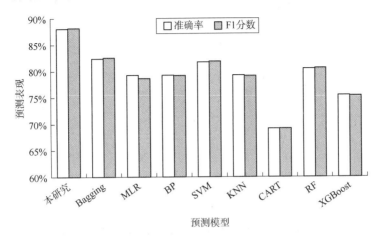

**图 5-13　各模型的预测表现对比(事故严重性)**

为了进一步探究基于 ADASYN 平衡数据集的模型预测结果,图 5-14 提供了预测海上事故严重性的混淆矩阵结果,图 5-15 展示了该模型针对不同海上事故严重性的预测表现。

从混淆矩阵中可以看出,重大的事故全部被正确分类,这意味着该模型可以有效地预测重大的事故。这一结果也反映在图 5-15 中,重大事故的预测精确率达到 100%。其次,小事故和较大事故的预测表现较好,各项指标都超过了 80%,且相差不大,但是预测结果并不突出。如果构建全新的海上事故严重性的预测模型,预测表现可能会有所提升。

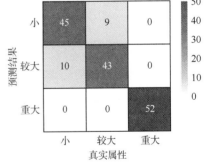

**图 5-14　混淆矩阵结果 (事故严重性)**

### 5.4.2　鲁棒性检验

在完成模型性能评估后,对海上事故严重性的预测模型进行了鲁棒性检验。同样采用了 Sarkar 等[92]提出的策略验证上述 9 个模型的鲁棒性。用 5 个不同的随机种子(1%、2%、3%、5% 和 10%)将平衡数据集分成训练集和测试集,然后对每个训练集进行10倍交叉验证。如图5-16所示,本章所开发的海上事故严重性预测模型的预测准确率较高且相对稳定,在不同数据划分条件下具有较强的鲁棒性。

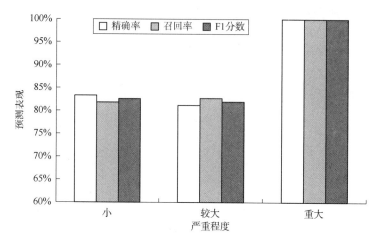

图5-15　不同海上事故严重性的模型预测表现

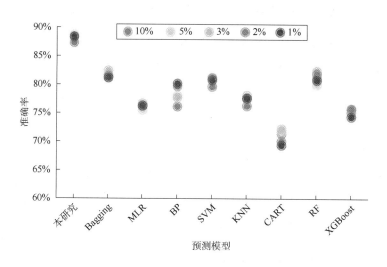

图5-16　鲁棒性检验结果(事故严重性)

### 5.4.3　基于SHAP的模型解释分析

同样,为了明确海上事故严重性的预测结果与船员不安全行为及其影响因素的交互作用之间的映射关联,采用SHAP方法对已构建的海上事故严重性预测模型进行可解释分析,结果如图5-17所示。由于特征变量的数量较多,对特征重要度较低的36个变量的结果进行了合并。

# 第5章 船员不安全行为风险交互下的海上事故类型及严重性预测研究

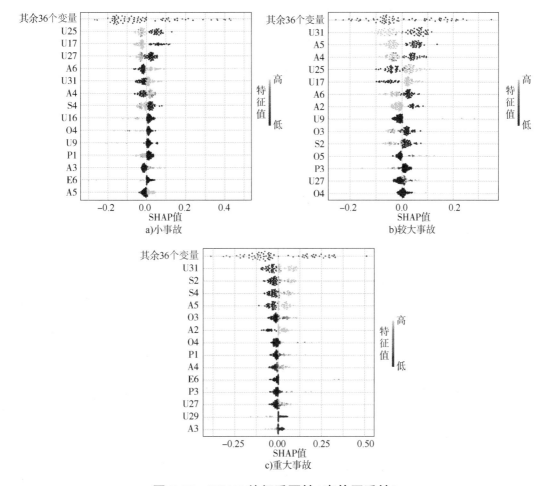

图 5-17 SHAP 特征重要性（事故严重性）

小事故的特征重要性结果如图 5-17a) 所示，前 3 位分别是"未及早地采取有效的避碰行动"（U25）、"未保持正规瞭望"（U17）以及"未遵守船舶在互见中的行动规则"（U27）。这 3 种船员不安全行为对预测小事故起到反向作用，即特征值越小，发生小事故的概率就越大。针对深层次的影响因素，"安全管理不到位"（S4）和"配员数量不足"（O4）也对小事故的发生起到反向作用。此外，在事故属性中，"船龄"（A6）、"船舶总吨"（A4）、"船舶类型"（A3）以及"船舶长度"（A5）对预测小事故起到正向作用，即特征值越大，发生小事故的概率就越大。

较大事故的特征重要性结果如图 5-17b) 所示，"未能对当时危险局面做出充分估计"（U31）对预测较大事故的影响最大，该特征值越小，发生较大事故的概率就越大。与小事故的结果相反，"未及早地采取有效的避碰行动"

· 117 ·

(U25)、"未保持正规瞭望"(U17)以及"未遵守船舶在互见中的行动规则"(U27)对预测较大事故起到正向作用,即特征值越大,发生较大事故的概率就越大。针对深层次的影响因素,"配员数量不足"(O4)和"适任能力不足"(O5)对预测较大事故起到正向作用,而"教育培训不足"(O3)和"缺少监督指导"(S2)对预测较大事故起到反向作用。这表明船上的配员数量不足且船员适任能力不足的情况下,如果船员未及早地采取有效的避碰行动、未保持正规瞭望以及未遵守船舶在互见中的行动规则,那么发生较大事故的可能性较高。此外,在事故属性中,"船舶长度"(A5)、"船舶总吨"(A4)、"船龄"(A6)以及"事故时间"(A2)对预测较大事故起到反向作用,即特征值越小,发生较大事故的概率就越大。

重大事故的特征重要性结果如图5-17c)所示,"未能对当时危险局面做出充分估计"(U31)对预测重大事故的影响最大,且具有正向作用,其次是"缺少监督指导"(S2)和"安全管理不到位"(S4)。同样,"教育培训不足"(O3)和"配员数量不足"(O4)也对预测重大事故具有正向作用,即特征值越大,发生重大事故的概率就越大。这一结果反映出重大的海上事故往往是由深层面的影响因素触发了船员不安全行为而导致的。此外,在事故属性中,"船舶长度"(A5)、"事故时间"(A2)以及"船舶总吨"(A4)对预测重大事故起到正向作用,"船舶类型"(A3)对预测重大事故起到反向作用。这意味着船舶长度大于100米且总吨越大的船舶发生重大事故的可能性越大,夜晚发生重大事故的可能性比白天大,货船、集装箱船发生重大事故的可能性比其他类型的船舶大。

## 5.5 海上事故类型及严重性预测模型的应用研究

鉴于第5.3节和第5.4节构建的海上事故类型和海上事故严重性预测模型所表现出的良好的预测性能,本章充分展示在船员不安全行为及其影响因素的交互作用下,海上事故类型及其严重性的预测模型在海上安全管理中的实际应用价值。

基于第4章社区发现的研究结果,同一社区内的船员不安全行为和影响因素具有明显的风险交互特征,极有可能同时出现。为了模拟实际海上运输活动中可能存在的船员不安全行为及其影响因素的交互作用,本章以社区1为例,模拟事故数据进行模型预测研究。社区1包括"检查维护不当"(S5)、"货物条件

## 第5章 船员不安全行为风险交互下的海上事故类型及严重性预测研究

缺陷"(S7)、"安全意识淡薄"(P10)、"设备故障"(E1)、"船舶进水"(E2)、"强风浪影响"(E6)、"船舶作业时未穿戴或正确使用防护用品"(U2)等10个节点，涉及4种典型的船员不安全行为风险传播路径，如图4-9所示。针对这4种船员不安全行为风险传播路径，假设每一种风险传播路径所涉及的节点状态都为"1"，即该船员不安全行为或影响因素发生，其余节点采用随机抽样的方式从船员不安全行为及其影响因素数据集中抽取。由此，分别生成10份数据样本，共计得到40份模拟数据。利用在平衡数据集上训练完成的海上事故类型及严重性预测模型对这40份模拟数据进行预测，结果如表5-7和表5-8所示。

**海上事故类型的预测结果**　　　　　　　　　　　　　　　　表5-7

| 序号 | 碰撞可能性 | 搁浅可能性 | 触碰可能性 | 自沉可能性 | 火灾/爆炸可能性 | 结果 |
| --- | --- | --- | --- | --- | --- | --- |
| 1 | 0.0278 | 0.0744 | **0.8861** | 0.0059 | 0.0058 | 触碰 |
| 2 | **0.4436** | 0.4220 | 0.1235 | 0.0044 | 0.0065 | 碰撞 |
| 3 | 0.0350 | **0.9139** | 0.0381 | 0.0053 | 0.0077 | 搁浅 |
| 4 | 0.0623 | **0.5194** | 0.3988 | 0.0075 | 0.0120 | 搁浅 |
| 5 | 0.1385 | **0.7239** | 0.0951 | 0.0339 | 0.0085 | 搁浅 |
| 6 | 0.3735 | **0.4058** | 0.1847 | 0.0287 | 0.0073 | 搁浅 |
| 7 | 0.0916 | **0.7874** | 0.1093 | 0.0043 | 0.0075 | 搁浅 |
| 8 | 0.0502 | **0.5015** | 0.4312 | 0.0069 | 0.0103 | 搁浅 |
| 9 | **0.4514** | 0.3896 | 0.1344 | 0.0179 | 0.0066 | 碰撞 |
| 10 | 0.0688 | **0.4923** | 0.0668 | 0.3553 | 0.0168 | 搁浅 |
| 11 | 0.0307 | 0.0372 | 0.0289 | **0.8974** | 0.0059 | 自沉 |
| 12 | 0.0493 | 0.0575 | 0.0376 | **0.8474** | 0.0082 | 自沉 |
| 13 | 0.0010 | 0.0024 | 0.0020 | **0.9931** | 0.0016 | 自沉 |
| 14 | 0.0118 | 0.0319 | 0.0136 | **0.9379** | 0.0049 | 自沉 |
| 15 | 0.0094 | 0.0170 | 0.0116 | **0.9578** | 0.0042 | 自沉 |
| 16 | 0.0023 | 0.0050 | 0.0038 | **0.9865** | 0.0024 | 自沉 |
| 17 | 0.2542 | 0.1478 | 0.1072 | **0.4777** | 0.0132 | 自沉 |
| 18 | 0.0610 | 0.0766 | 0.0458 | **0.7924** | 0.0242 | 自沉 |
| 19 | 0.0557 | 0.1733 | 0.0480 | **0.6875** | 0.0355 | 自沉 |
| 20 | 0.1472 | 0.1149 | 0.0782 | **0.6488** | 0.0109 | 自沉 |

续上表

| 序号 | 碰撞可能性 | 搁浅可能性 | 触碰可能性 | 自沉可能性 | 火灾/爆炸可能性 | 结果 |
|---|---|---|---|---|---|---|
| 21 | **0.4887** | 0.3254 | 0.1404 | 0.0112 | 0.0344 | 碰撞 |
| 22 | **0.6563** | 0.1595 | 0.1158 | 0.0598 | 0.0086 | 碰撞 |
| 23 | 0.0156 | 0.1665 | 0.0250 | **0.7859** | 0.0071 | 自沉 |
| 24 | 0.0152 | **0.9534** | 0.0225 | 0.0049 | 0.0040 | 搁浅 |
| 25 | **0.6435** | 0.1934 | 0.1304 | 0.0267 | 0.0060 | 碰撞 |
| 26 | **0.4237** | 0.4195 | 0.1476 | 0.0029 | 0.0063 | 碰撞 |
| 27 | **0.5783** | 0.2632 | 0.1227 | 0.0087 | 0.0271 | 碰撞 |
| 28 | **0.7787** | 0.1192 | 0.0815 | 0.0123 | 0.0082 | 碰撞 |
| 29 | 0.0401 | **0.8521** | 0.0452 | 0.0164 | 0.0462 | 搁浅 |
| 30 | 0.0154 | **0.9403** | 0.0363 | 0.0035 | 0.0045 | 搁浅 |
| 31 | 0.1127 | 0.2907 | 0.1075 | 0.0213 | **0.4679** | 火灾/爆炸 |
| 32 | **0.5713** | 0.2704 | 0.1184 | 0.0085 | 0.0314 | 碰撞 |
| 33 | 0.1346 | **0.4610** | 0.1232 | 0.0466 | 0.2346 | 搁浅 |
| 34 | 0.2538 | **0.5743** | 0.1245 | 0.0089 | 0.0385 | 搁浅 |
| 35 | 0.0516 | 0.0442 | 0.0415 | 0.0054 | **0.8573** | 火灾/爆炸 |
| 36 | 0.0481 | 0.1212 | 0.0598 | 0.0097 | **0.7612** | 火灾/爆炸 |
| 37 | 0.1417 | **0.5518** | 0.1214 | 0.0306 | 0.1546 | 搁浅 |
| 38 | **0.5277** | 0.2895 | 0.1420 | 0.0053 | 0.0356 | 碰撞 |
| 39 | 0.0419 | 0.0279 | 0.0276 | 0.0042 | **0.8984** | 火灾/爆炸 |
| 40 | **0.3497** | 0.3006 | 0.1613 | 0.0088 | 0.1796 | 碰撞 |

**海上事故严重性的预测结果**　　　　　　　　　　　　表 5-8

| 序号 | 小事故可能性 | 较大事故可能性 | 重大事故可能性 | 结果 |
|---|---|---|---|---|
| 1 | **0.7254** | 0.2695 | 0.0051 | 小事故 |
| 2 | **0.7809** | 0.2114 | 0.0077 | 小事故 |
| 3 | **0.8461** | 0.1472 | 0.0067 | 小事故 |
| 4 | **0.7767** | 0.2182 | 0.0051 | 小事故 |
| 5 | **0.8063** | 0.1890 | 0.0048 | 小事故 |
| 6 | **0.7333** | 0.2612 | 0.0056 | 小事故 |

# 第 5 章 船员不安全行为风险交互下的海上事故类型及严重性预测研究

续上表

| 序号 | 小事故可能性 | 较大事故可能性 | 重大事故可能性 | 结果 |
| --- | --- | --- | --- | --- |
| 7 | **0.7234** | 0.2712 | 0.0054 | 小事故 |
| 8 | **0.8320** | 0.1618 | 0.0062 | 小事故 |
| 9 | **0.7391** | 0.2556 | 0.0053 | 小事故 |
| 10 | **0.6493** | 0.3454 | 0.0053 | 小事故 |
| 11 | 0.3883 | **0.6067** | 0.0050 | 较大事故 |
| 12 | 0.2741 | **0.7198** | 0.0062 | 较大事故 |
| 13 | 0.2571 | **0.7374** | 0.0055 | 较大事故 |
| 14 | **0.5882** | 0.4045 | 0.0072 | 小事故 |
| 15 | 0.4243 | **0.5686** | 0.0071 | 较大事故 |
| 16 | 0.3813 | **0.6138** | 0.0049 | 较大事故 |
| 17 | 0.4029 | **0.5921** | 0.0051 | 较大事故 |
| 18 | 0.3000 | **0.6940** | 0.0060 | 较大事故 |
| 19 | **0.6544** | 0.3399 | 0.0056 | 小事故 |
| 20 | 0.4156 | 0.5786 | 0.0059 | 较大事故 |
| 21 | **0.5350** | 0.4595 | 0.0055 | 小事故 |
| 22 | **0.5975** | 0.3969 | 0.0056 | 小事故 |
| 23 | **0.6922** | 0.3022 | 0.0055 | 小事故 |
| 24 | **0.8890** | 0.1054 | 0.0056 | 小事故 |
| 25 | **0.8000** | 0.1930 | 0.0070 | 小事故 |
| 26 | **0.7356** | 0.2579 | 0.0065 | 小事故 |
| 27 | **0.6994** | 0.2936 | 0.0070 | 小事故 |
| 28 | **0.5352** | 0.4593 | 0.0056 | 小事故 |
| 29 | **0.8742** | 0.1198 | 0.0060 | 小事故 |
| 30 | **0.8724** | 0.1207 | 0.0069 | 小事故 |
| 31 | **0.5502** | 0.4443 | 0.0054 | 小事故 |
| 32 | **0.7647** | 0.2267 | 0.0086 | 小事故 |
| 33 | **0.5985** | 0.3916 | 0.0099 | 小事故 |
| 34 | **0.7177** | 0.2769 | 0.0054 | 小事故 |

续上表

| 序号 | 小事故可能性 | 较大事故可能性 | 重大事故可能性 | 结果 |
|---|---|---|---|---|
| 35 | 0.4022 | **0.5927** | 0.0051 | 较大事故 |
| 36 | 0.3448 | **0.6497** | 0.0055 | 较大事故 |
| 37 | **0.6755** | 0.3182 | 0.0063 | 小事故 |
| 38 | **0.6641** | 0.3290 | 0.0070 | 小事故 |
| 39 | 0.1863 | **0.8086** | 0.0051 | 较大事故 |
| 40 | **0.6133** | 0.3812 | 0.0055 | 小事故 |

为了直观展示模型的预测结果,绘制堆积柱状图对结果进行可视化,如图 5-18 所示。结果显示,在 40 份事故样本中,预测为碰撞事故的有 11 个,预测为搁浅事故的有 13 个,预测为触碰事故的有 1 个,预测为自沉事故的有 11 个,预测为火灾/爆炸事故的有 4 个;同时,预测为小事故的有 29 个,预测为较大事故的有 11 个。海上事故类型以及严重性预测模型的准确率分别达到 93.43% 和 88.05%,且具有较好的鲁棒性,因此,该预测结果具有一定可靠性。在实际应用中,基于模型的预测结果,海事利益相关者可以采取相应的管控措施,及时阻断船员不安全行为风险传播。

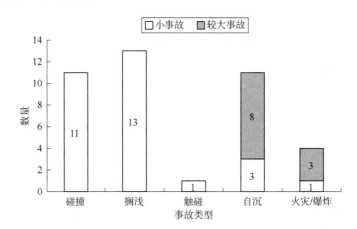

图 5-18 海上事故类型及其严重性的预测结果

## 5.6 本章小结

本章应用第 4 章获取的船员不安全行为及其影响因素交互网络中的节点重

# 第5章　船员不安全行为风险交互下的海上事故类型及严重性预测研究

要度,引入选择性集成学习技术,提出了一种两阶段选择性集成学习方法,从海上事故类型和事故严重性两个角度分别构建预测模型,为提高海上事故风险预测水平提供新方法。通过模型性能评估和鲁棒性检验,证实了模型的准确性、稳健性以及泛化能力。然后,引入SHAP方法,实现预测模型的可解释性,有助于利益相关者理解模型决策过程并实施相应的管理对策。最后,通过模拟船员不安全行为的风险交互场景,展示海上事故类型及其严重性预测模型的应用过程。本章结论概括如下:

①基于一种平衡模型准确性和差异性的两阶段选择性集成学习方法,针对海上事故类型和事故严重性,分别构建了基学习器为随机森林(RF)、支持向量机(SVM)和极限梯度增强(XGBoost),元学习器为支持向量机(SVM)的Stacking集成学习模型。

②通过在平衡数据集上的训练,海上事故类型预测模型的准确率达到93.43%,F1分数达到93.77%,事故严重性预测模型的准确率达到88.05%,F1分数达到88.16%。两个模型都具有较好的鲁棒性。

③利用SHAP方法,明确海上事故类型预测和严重性预测与船员不安全行为及其影响因素之间的映射关联及关联强度。结果显示,"未保持正规瞭望"对预测碰撞、搁浅以及触碰事故的影响最大,"强风浪影响"对预测自沉事故的影响最大,"违反船舶作业规程"对预测火灾/爆炸事故的影响最大。"未及早地采取有效的避碰行动"对预测小事故的影响最大,"未能对当时危险局面做出充分估计"对预测较大事故和重大事故的影响最大,但其对两种严重程度起到完全相反的作用。

本章构建的海上事故类型及其严重性的可解释预测模型为面向船员不安全行为的海上事故风险预测提供技术支撑,有助于利益相关者分析海上运输活动中的风险,主动预防海上事故,提高海上运输安全水平。

# 第6章 结论与建议

本书面向船员不安全行为,基于事故致因、复杂系统、风险管理等相关理论,综合利用扎根理论、关联规则、复杂网络、选择性集成学习等方法和技术,从船员不安全行为及其影响因素认知、复杂网络视角下船员不安全行为及其影响因素的交互研究、船员不安全行为风险交互下的海上事故类型及其严重性预测三个方面展开研究,将不安全行为研究由主观经验向数据驱动进行转化,拓宽了海上事故中船员不安全行为研究的思路与途径,为海上安全管理实践提供有益启示。本章对主要研究结论进行总结,并提出相应管理对策建议。

## 6.1 研究结论

通过对船员不安全行为及其影响因素的系统辨识,建立船员不安全行为及其影响因素的分析和分类模型,构建船员不安全行为及其影响因素数据集,通过特征分析以及频繁项集挖掘,发现船员不安全行为及其影响因素之间存在复杂的交互关系,有必要进一步探究船员不安全行为的风险演化规律和特性,识别不安全行为管控的关键节点。为此,从复杂网络视角出发,构建了船员不安全行为及其影响因素的交互网络,明确网络中具有高风险传播能力的节点,厘清船员不安全行为的风险传播路径。进而,基于节点风险传播能力排序,构建了可解释的海上事故类型及其严重性预测模型,明确了预测结果与船员不安全行为及其影响因素的映射关联及关联强度,为主动预防海上事故提供有益参考。通过上述研究,得到如下主要研究结论:

(1) 基于扎根理论和改进的 HFACS 模型,系统认知船员不安全行为及其影响因素

综合运用扎根理论的优势和改进的 HFACS 模型的分类特性,为船员不安全

## 第6章  结论与建议

行为及其影响因素的识别开拓了一种新思路。针对5种典型海上事故类型,识别出31种典型船员不安全行为和38种影响因素,并建立了船员不安全行为及其影响因素分析和分类模型,将船员不安全行为从抽象变为具体,有助于进一步加深对船员不安全行为及其影响因素的认知;通过船员不安全行为及其影响因素的特征分析,可以发现不同类型的海上事故涉及的船员不安全行为和影响因素有所不同,这说明在不同类型的海上事故中,船员不安全行为与影响因素之间的交互过程存在差异;最后,频繁项集结果显示,船员不安全行为之间、影响因素之间以及影响因素和船员不安全行为之间存在不同程度的关联,且风险关联模式具有一定规律性。为了采取有针对性的安全管理措施,有必要对船员不安全行为及其影响因素的交互作用开展进一步研究。

(2)构建基于关联规则的船员不安全行为及其影响因素复杂交互网络,多维度探究船员不安全行为的风险演化规律及特性

船员不安全行为的发生是一系列复杂动态的影响因素交互作用的结果。基于已获取的船员不安全行为及其影响因素频繁项集,将关联规则技术引入复杂网络构建过程中,构建了具有53个节点、260条边的有向赋权的船员不安全行为及其影响因素交互网络,避免了传统复杂网络构建过程中边的权重过于依赖专家经验的缺陷,为海上事故中船员不安全行为的风险交互研究提供新途径;通过网络拓扑特征分析,充分展示了船员不安全行为及其影响因素交互网络中节点的风险演化特性,该网络具有较大的聚类系数(0.6203)以及较短的平均路径长度(1.8048),属于典型的小世界网络;然后,采用加权PageRank算法,明确该网络中船员不安全行为和影响因素的重要度,结果显示重要度排名前10位的节点都属于船员不安全行为,对重要度更高的不安全行为进行有效管控可以阻止风险的传播,从而减少海上事故的发生;最后,基于随机游走的社区发现方法,将船员不安全行为及其影响因素交互网络划分为5个社区,厘清了13条典型的船员不安全行为的风险传播路径,对阻断船员不安全行为的风险传播具有重要指导意义。

(3)引入选择性集成学习技术,构建可解释的海上事故类型及其严重性预测模型

应用获取的船员不安全行为及其影响因素交互网络中的节点重要度,引入选择性集成学习技术,提出了一种平衡模型准确性和差异性的两阶段选择性集

成方法,针对海上事故类型和事故严重性,分别构建了基学习器为随机森林(RF)、支持向量机(SVM)和极限梯度增强(XGBoost),元学习器为支持向量机(SVM)的 Stacking 集成学习模型;通过在平衡数据集上的训练,海上事故类型预测模型的准确率达到了 93.43%,F1 分数为 93.77%,事故严重性预测模型的准确率为 88.05%,F1 分数为 88.16%,且两个模型都具有较好的鲁棒性;然后,利用 SHAP 方法,明确海上事故类型及严重性预测结果与船员不安全行为及其影响因素之间的有效映射关联及关联程度。结果显示,"未保持正规瞭望"对预测碰撞、搁浅以及触碰事故具有重要作用,"强风浪影响"对预测自沉事故具有重要的正向作用,"违反船舶作业规程"对预测火灾/爆炸事故具有重要的正向作用;"未及早地采取有效的避碰行动"对预测小事故具有重要的反向作用,"未能对当时危险局面做出充分估计"对预测较大事故和重大事故具有重要作用,但其对两种严重程度的预测起到完全相反的作用。确定海上事故类型及严重性预测的关键因素对于制定安全策略以降低海上事故的严重程度至关重要,有助于提高海上运输活动的可靠性。

## 6.2 对策建议

基于对海上事故类型及其严重性预测模型的解释分析,明确了对于预测结果起到重要作用的船员不安全行为及其影响因素,结合对船员不安全行为及其影响因素的复杂交互网络的分析结果,从组织影响、不安全监督、不安全行为前提条件三个方面,对船员不安全行为管理提出对策建议。

(1)组织影响方面

提供系统化的教育和培训。"教育培训不足"会导致多种船员不安全行为的出现,并且极有可能加剧海上事故的严重性。因此,建议航运公司定期为船员提供安全知识与专业技能的教育和培训,按照船员不安全行为检查表,制定有针对性的教育培训计划,确保船员熟练掌握 COLREGS、STCW 等公约、法规,全面了解公司安全管理体系内容,定期组织船员进行航行安全操作考核,由公司的安全主管对船上的培训记录进行检查,并通过实践演练定期评估培训质量。同时,航运公司在安全培训过程中需要重点关注船员的应急响应能力,保证船员能够在设备突发故障、船舶进水等紧急情况下及时采取正确的应急处置措施。此外,

## 第6章 结论与建议

基于船舶类型和船龄等船舶属性对于海上事故预测的影响,可以针对不同船舶上的船员实施差异化的教育培训内容。例如,对于在货船、集装箱船且船龄小于10年的船舶上工作的船员,建议增加安全避碰知识和专业避碰技能的培训。

完善公司安全管理制度。"公司操作规程/规章制度不规范"具有高出度特性,可能导致船员未尽到当时特殊情况下所要求的戒备。因此,建议航运公司补充、细化安全管理制度,尤其是进一步规范船员在通航环境复杂、通航密集等情况下的安全航行操作。此外,航运公司有必要建立船员不安全行为惩罚制度,明确船员不安全行为的惩罚措施,加大惩罚力度,提升船员的警惕意识,从而降低船员不安全行为的出现频率。同时,对于参与不安全行为演化过程的所有人员都应给予不同程度的惩罚,以此来减少船员间传播不安全行为的可能性。

加强公司安全生产投入。安全投入是确保所有相关规章制度严格执行、设备正常运行的基础。"设备配置不充分""配员数量不足""适任能力不足"将导致船上安全管理不到位、驾驶台配员等级不足等问题发生,为船员不安全行为的出现埋下隐患。因此,建议航运公司从人力和物力两个方面加大安全生产投入。一方面,航运公司应提供数量充足的适任船员,并且加强船员的安全教育培训,提高船员的安全意识;另一方面,确保船舶设备配置充分,保证船舶的日常检查维护,保障设备的正常运行。充足的安全投入将促进公司安全管理体系的顺利实施,从而提升海上运输活动的可靠性。

(2)不安全监督方面

建立船员不安全行为检查表。根据船员不安全行为及其影响因素交互网络的节点重要度结果,按照风险传播能力对船员不安全行为以及影响因素进行降序排列,建立船员不安全行为检查表。航运公司可以根据该表开展有针对性的安全教育培训,建议在船上提供船员不安全行为检查表,以便船员进行自我检测以及相互监督。此外,基于第4章提出的船员不安全行为及其影响因素的交互分析方法,对船员不安全行为的风险演化过程进行动态评估,定期更新船员不安全行为检查表,以保证该表的时效性。

建立公司日常监督管理机制。"安全管理不到位"和"缺少监督指导"具有高度值、强介数中心性的特征,并且对于重大事故的产生起到重要作用。因此,建议航运公司建立严格的监督管理制度,确保监督责任明确,保证安全管理制度在船上得到有效落实。同时,通过对船上安全管理制度的落实情况进行定期检查和抽查,加强船舶的日常监督管理,确保对船员起到长期有效的监管作用。此外,船上的安全管理人员应承担起监督指导船员进行安全操作的责任,确保航线计划设计适当并通过审核,及时纠正错误,减少不安全行为。

构建船员不安全行为的监测预警平台。船员不安全行为的出现具有不确定性并可能造成严重后果,及时发现并阻断不安全行为的传播对保障航行安全至关重要。在计算机视觉、物联网等技术的支持下,建议开发在航船舶船员不安全行为的监测预警平台,基于船员不安全行为检查表,逐步实现对于典型船员不安全行为的实时精准监测。进而,按照船员不安全行为的风险传播能力对其进行风险等级划分,对于风险等级不同的船员不安全行为发出不同等级的风险警告。此外,第5章构建的海上事故类型及其严重性预测模型可在一定程度上为实现船员不安全行为的监测预警提供技术支持,从而实现海上事故的主动预防。

(3) 不安全行为前提条件方面

提高船员的安全认知水平。安全意识淡薄是节点重要度最高的影响因素,这表明船员不安全行为快速传播的主要原因之一就是船员缺乏安全意识、安全认知水平不高。因此,建议航运公司定期提供安全教育培训,对典型海上事故案例进行分析,组织观看海上事故的相关视频,强调事故的严重后果,提升船员的风险意识,增强船员的安全责任感,对于整体提升船员的安全行为水平具有重要作用。

提升团队凝聚力。船岸、船舶间、团队内部沟通不畅极易导致船员态势感知丧失、注意力不集中等不安全状态出现,进而引起船员不安全行为的发生。因此,建议船长以及船上管理人员充分发挥在团队管理过程中的主导作用,加强船舶间和驾驶台团队内部的沟通与交流,鼓励协调与合作,促进团队和船员个人的发展;在船员之间形成一定程度的协同作用,有助于增强船员之间的信任度,提升团队凝聚力。

## 6.3 研究展望

鉴于海上交通运输系统的复杂动态性、获取船员不安全行为相关数据的困难性,本书存在一些局限性,未来可在以下几个方面开展研究工作:

①由于缺少船员不安全行为的相关数据,本书以海上事故调查报告作为研究的数据来源,人工整理事故报告限制了数据量。同时,由于各国的海上事故报

告缺少统一范式且使用的语言不同,这提高了对事故报告进行扎根理论编码的困难性,增加了工作量和工作时间,进一步限制了数据量。因此,继续收集并整理海上事故报告是未来的一项重要工作,对新的数据集进行挖掘可能会产生新的研究结果。

②在实际的海上运输活动中,涉及的船员不安全行为及其影响因素复杂多变,风险交互机制十分复杂。随着大数据、物联网等新兴技术的快速发展,船舶智能化已经成为航运领域发展的必然趋势,海上运输活动中可能出现新的船员不安全行为及其影响因素,因此,在之后的研究工作中有必要对船员不安全行为及其影响因素进行更新,丰富船员不安全行为及其影响因素数据集。

③在利用船员不安全行为及其影响因素进行海上事故类型及其严重性预测时,受限于海上事故报告中的信息,使得有关事故属性的输入变量较少。在之后的研究中,可以考虑将船舶交通数据、航行天气数据等与海上事故调查报告相结合,进一步丰富研究数据来源,可能产生有趣的新发现。

# 附录  海上事故基本信息

| 报告编号 | 国家 | 事故类型 | 事故日期 | 事故名称 |
|---|---|---|---|---|
| CHNPZ1 | 中国 | 碰撞 | 2019-09-03 | 辽宁大连"K"轮与"L23626"轮碰撞事故 |
| CHNPZ2 | 中国 | 碰撞 | 2018-12-24 | 广东广州"宇盛366"轮与"达飞诺玛"轮碰撞事故 |
| CHNPZ3 | 中国 | 碰撞 | 2019-04-16 | 广东广州"浙兴航3"轮与"康帝侠义"轮碰撞事故 |
| CHNPZ4 | 中国 | 碰撞 | 2019-03-12 | 广东广州"珠桂6234"船与"天一5"轮碰撞事故 |
| CHNPZ5 | 中国 | 碰撞 | 2017-08-03 | 广东广州"阿波萝"轮与"杰城"轮碰撞事故 |
| CHNPZ6 | 中国 | 碰撞 | 2015-11-14 | 广东汕头"吉鑫9"轮与"广运"轮碰撞事故 |
| CHNPZ7 | 中国 | 碰撞 | 2016-03-19 | 广东汕头"永大128"轮与"粤濠渔53009"船碰撞事故 |
| CHNPZ8 | 中国 | 碰撞 | 2016-08-10 | 广东汕头"BULK INGENUITY"轮与"闽狮渔07056"船碰撞事故 |
| CHNPZ9 | 中国 | 碰撞 | 2016-11-30 | 广东汕尾"惠金桥78"船与"福顺8"船撞事故 |
| CHNPZ10 | 中国 | 碰撞 | 2015-04-18 | 广东汕尾"中外运福州"轮与"粤陆渔44021"船碰撞事故 |
| CHNPZ11 | 中国 | 碰撞 | 2017-09-04 | 广东汕头"凯捷"轮与"粤阳西渔39668"船碰撞事故 |
| CHNPZ12 | 中国 | 碰撞 | 2018-04-08 | 广东汕头"宏翔569"轮与"粤饶渔46326"船碰撞事故 |
| CHNPZ13 | 中国 | 碰撞 | 2018-02-22 | 广东湛江"海口九号"轮与套牌"琼新盈F069"渔业辅助船碰撞事故 |

附录　海上事故基本信息

续上表

| 报告编号 | 国家 | 事故类型 | 事故日期 | 事故名称 |
| --- | --- | --- | --- | --- |
| CHNPZ14 | 中国 | 碰撞 | 2015-11-18 | 广东漳州"V SANDERLING"轮与"闽东渔64846"轮碰撞事故 |
| CHNPZ15 | 中国 | 碰撞 | 2017-05-24 | 广东湛江"鸿达鑫29"轮与"粤电渔83136"轮碰撞事故 |
| CHNPZ16 | 中国 | 碰撞 | 2016-05-09 | 广东广州"延展58"轮与"振鹏"轮碰撞事故 |
| CHNPZ17 | 中国 | 碰撞 | 2016-03-19 | 广东广州"锦航"轮与"深蛇1156"渔船碰撞事故 |
| CHNPZ18 | 中国 | 碰撞 | 2018-11-10 | 广东揭阳"恒盛688"轮与"融华666"轮碰撞事故 |
| CHNPZ19 | 中国 | 碰撞 | 2015-09-21 | 广东广州"博运886"船与"粤南沙渔40072"船碰撞事故 |
| CHNPZ20 | 中国 | 碰撞 | 2015-05-07 | 广东广州"穗东方332"轮与"铭扬洲179"轮碰撞事故 |
| CHNPZ21 | 中国 | 碰撞 | 2016-04-01 | 上海黄浦"华伦2788"轮与"皖庐江货0692"轮碰撞事故 |
| CHNPZ22 | 中国 | 碰撞 | 2015-05-30 | 天津"RICKMERSHAMBURG"轮与"皖江顺1318"轮碰撞事故 |
| CHNPZ23 | 中国 | 碰撞 | 2018-03-28 | 广东广州"MORNING CHERRY"轮与"辰昌332"轮碰撞事故 |
| CHNPZ24 | 中国 | 碰撞 | 2015-06-22 | 河北曹妃甸"寿海9"轮与"冀滦渔03284"轮碰撞事故 |
| CHNPZ25 | 中国 | 碰撞 | 2019-04-23 | 天津"津工2"轮与"兴达777"轮碰撞事故 |
| CHNPZ26 | 中国 | 碰撞 | 2017-04-13 | 天津"海阳207"轮与"南洞庭6号"轮碰撞事故 |
| CHNPZ27 | 中国 | 碰撞 | 2018-09-18 | 辽宁大连"C"轮与"W9099"轮碰撞事故 |
| CHNPZ28 | 中国 | 碰撞 | 2020-09-26 | 浙江宁波"皖海丰1567"轮与"浙象渔21082"轮碰撞事故 |
| CHNPZ29 | 中国 | 碰撞 | 2018-11-24 | 河北唐山"冀乐渔02336"轮与"湘益阳机5363"轮碰撞事故 |
| CHNPZ30 | 中国 | 碰撞 | 2016-07-28 | 河北唐山"神华563"轮与"冀昌渔02530"轮碰撞事故 |
| CHNPZ31 | 中国 | 碰撞 | 2017-12-28 | 河北秦皇岛"CSCL MANZANILIO"轮与"鲁潍渔60012"碰撞事故 |

续上表

| 报告编号 | 国家 | 事故类型 | 事故日期 | 事故名称 |
|---|---|---|---|---|
| CHNPZ32 | 中国 | 碰撞 | 2017-12-18 | 河北秦皇岛"永跃66"轮与"鲁寿渔60687"轮碰撞事故 |
| CHNPZ33 | 中国 | 碰撞 | 2015-10-13 | 浙江宁波象山"新明发127"轮与"粤珠渔40002"轮碰撞事故 |
| CHNPZ34 | 中国 | 碰撞 | 2019-05-23 | 广东珠海涉渔三无船舶与"君津达99"轮碰撞事故 |
| CHNPZ35 | 中国 | 碰撞 | 2019-03-06 | 广东汕尾"粤安运62"船与无名渔船碰撞事故 |
| CHNPZ36 | 中国 | 碰撞 | 2018-12-26 | 广东广州"仁建15"轮与"海速10"轮碰撞事故 |
| CHNPZ37 | 中国 | 碰撞 | 2018-01-20 | 南海"SATSUKI"轮与"粤阳东渔12158"船碰撞事故 |
| CHNPZ38 | 中国 | 碰撞 | 2015-11-04 | 广东汕尾"闻狮渔06256"船与"安盛22"船碰撞事故 |
| CHNPZ39 | 中国 | 碰撞 | 2018-11-28 | 辽宁丹东"恩基5"轮与"丹渔捕4051"轮碰撞事故 |
| CHNPZ40 | 中国 | 碰撞 | 2018-10-21 | 辽宁大连"MOUNT FABER"轮与"辽大旅渔55045"轮碰撞事故 |
| CHNPZ41 | 中国 | 碰撞 | 2017-12-01 | 辽宁营口"CHENG LONG"轮与"辽营渔55078"轮碰撞事故 |
| CHNPZ42 | 中国 | 碰撞 | 2019-01-04 | 福建平潭"银安"轮与"闽晋渔05568"轮碰撞事故 |
| CHNPZ43 | 中国 | 碰撞 | 2017-05-08 | 辽宁大连"华江1"轮与"冀乐渔03002"轮碰撞事故 |
| CHNPZ44 | 中国 | 碰撞 | 2016-05-14 | 辽宁葫芦岛"交通6"轮与"辽葫渔21095"轮碰撞事故 |
| CHNPZ45 | 中国 | 碰撞 | 2018-11-16 | 上海闵行"佳盈307"轮与"弋江1089"轮碰撞致人死亡事故 |
| CHNPZ46 | 中国 | 碰撞 | 2015-08-01 | 上海闵行"安丰19"轮与"建兴77"轮碰撞事故 |
| CHNPZ47 | 中国 | 碰撞 | 2018-05-16 | 福建福州"鸿鹏"轮与"皖霍邱1819"轮碰撞事故 |
| CHNPZ48 | 中国 | 碰撞 | 2020-09-21 | 浙江宁波"盛航189"轮与"浙象渔运03123"轮碰撞事故 |

附录  海上事故基本信息

续上表

| 报告编号 | 国家 | 事故类型 | 事故日期 | 事故名称 |
|---|---|---|---|---|
| CHNPZ49 | 中国 | 碰撞 | 2016-04-03 | 上海杨浦"华谊货3003"轮与"世纪之明16"轮碰撞事故 |
| CHNPZ50 | 中国 | 碰撞 | 2017-11-09 | 上海黄浦"宝迪隆9"轮与"苏中川858"轮、"浙德清货1925"轮碰撞事故 |
| CHNPZ51 | 中国 | 碰撞 | 2017-12-31 | 上海吴淞"北仑海26"轮与"兴骅1"轮碰撞事故 |
| CHNPZ52 | 中国 | 碰撞 | 2018-03-11 | 上海吴淞"昱林"轮与"永航6"轮碰撞事故 |
| CHNPZ53 | 中国 | 碰撞 | 2019-01-12 | 上海吴淞"新泊林2"轮与"宁连海358"轮碰撞事故 |
| CHNPZ54 | 中国 | 碰撞 | 2017-01-10 | 上海吴淞"SPARTACUS"轮与"STELLA CHERISE"轮碰撞事故 |
| CHNPZ55 | 中国 | 碰撞 | 2018-06-27 | 山东滨州"碧海159"轮与"鲁沾渔5186"船碰撞事故 |
| CHNPZ56 | 中国 | 碰撞 | 2017-12-20 | 山东青岛"SPRING AMIR"轮与"鲁胶渔60062"船碰撞事故 |
| CHNPZ57 | 中国 | 碰撞 | 2016-10-19 | 山东烟台"CHANG RONG"轮与"辽锦渔15083"船碰撞事故 |
| CHNPZ58 | 中国 | 碰撞 | 2016-10-30 | 山东威海"MENARO"轮与"津汉渔04856"船碰撞事故 |
| CHNPZ59 | 中国 | 碰撞 | 2016-10-21 | 上海吴淞"海神浚2"轮与"海港20"轮碰撞事故 |
| CHNPZ60 | 中国 | 碰撞 | 2016-11-24 | 上海吴淞"宁高鹏666"轮碰撞"金虹18"轮并肇事逃逸案件 |
| CHNPZ61 | 中国 | 碰撞 | 2015-12-10 | 上海吴淞"新成功2"轮与"宁高凤368"轮碰撞事故 |
| CHNPZ62 | 中国 | 碰撞 | 2015-07-23 | 上海吴淞"百池"轮与"江夏祥"轮碰撞事故 |
| CHNPZ63 | 中国 | 碰撞 | 2016-08-06 | 上海吴淞"永泽1"轮与"金柏5"轮碰撞事故 |
| CHNPZ64 | 中国 | 碰撞 | 2015-04-22 | 上海吴淞"瑞宁1"轮与"DSKINGDOM"轮碰撞事故 |
| CHNPZ65 | 中国 | 碰撞 | 2017-07-28 | 上海吴淞"宇顺217"轮与"新海福"轮碰撞事故 |
| CHNPZ66 | 中国 | 碰撞 | 2017-05-04 | 上海吴淞"EAST POWER"轮与"和河"轮碰撞事故 |

续上表

| 报告编号 | 国家 | 事故类型 | 事故日期 | 事故名称 |
|---|---|---|---|---|
| CHNPZ67 | 中国 | 碰撞 | 2018-09-03 | 黄海南部"NAVIOS ETOILE"轮与"鲁岚渔61489"轮碰撞事故 |
| CHNPZ68 | 中国 | 碰撞 | 2015-07-24 | 江苏连云港"国裕808"轮与三无渔船碰撞事故 |
| CHNPZ69 | 中国 | 碰撞 | 2018-01-21 | 江苏连云港"伟翔9"轮与无证运输船舶碰撞事故 |
| CHNPZ70 | 中国 | 碰撞 | 2015-01-05 | 上海"DX66"轮与"GL96"轮碰撞事故 |
| CHNPZ71 | 中国 | 碰撞 | 2017-10-20 | 山东营口"德鑫海3"轮与"ASALI"轮碰撞事故 |
| CHNPZ72 | 中国 | 碰撞 | 2019-01-01 | 黄海"MARITIME ROSEMARY"轮与"鲁荣渔55977"轮碰撞事故 |
| CHNPZ73 | 中国 | 碰撞 | 2017-12-21 | 上海"华隆油1"轮与"苏灌渔13144"轮碰撞事故 |
| CHNPZ74 | 中国 | 碰撞 | 2016-03-17 | 上海"SHINN HWAHO"轮拖带"MYUNGJIN200"驳船碰撞"鲁文渔53661"轮事故 |
| CHNPZ75 | 中国 | 碰撞 | 2019-02-03 | 上海"浙海505"轮与"恒泰油009"轮碰撞事故 |
| CHNPZ76 | 中国 | 碰撞 | 2018-08-19 | 上海"庆丰2"轮与"苏盐货11315"轮碰撞事故 |
| CHNPZ77 | 中国 | 碰撞 | 2018-01-02 | 上海"长平"轮与"鑫旺138"轮碰撞事故 |
| CHNPZ78 | 中国 | 碰撞 | 2017-09-19 | 山东威海"天宇2"轮与"辽绥渔66528"轮碰撞事故 |
| CHNPZ79 | 中国 | 碰撞 | 2017-04-05 | 上海"XIANG ZHOU"轮与"VAN MANILA"轮碰撞事故 |
| CHNPZ80 | 中国 | 碰撞 | 2016-12-20 | 福建漳州"SINOTRANS XIAMEN"轮与"闽狮渔07878"轮碰撞事故 |
| CHNPZ81 | 中国 | 碰撞 | 2016-05-07 | 浙江宁波"CATALINA"轮与"鲁荣渔58398"轮碰撞事故 |
| CHNPZ82 | 中国 | 碰撞 | 2016-02-27 | 山东青岛"新日6"轮与"鲁胶渔60968"轮碰撞事故 |
| CHNPZ83 | 中国 | 碰撞 | 2015-04-28 | 上海"三水805"轮与"浙三渔00046"轮碰撞事故 |
| CHNPZ84 | 中国 | 碰撞 | 2014-10-29 | 上海"SILVER PHOENIX"轮与"浙嵊渔05885"轮碰撞事故 |
| CHNPZ85 | 中国 | 碰撞 | 2014-05-05 | 广东广州"中兴2"轮与"MOL MOTIVATOR"轮碰撞事故 |

续上表

| 报告编号 | 国家 | 事故类型 | 事故日期 | 事故名称 |
|---|---|---|---|---|
| CHNPZ86 | 中国 | 碰撞 | 2019-01-01 | 黄海"MARITIME ROSEMARY"轮与"鲁荣渔55977"轮碰撞事故 |
| CHNPZ87 | 中国 | 碰撞 | 2015-09-19 | 浙江舟山"新星河"轮与"浙岱渔运01589"船碰撞事故 |
| CHNPZ88 | 中国 | 碰撞 | 2015-11-22 | 浙江舟山"紫云1"轮与"国良399"轮碰撞事故 |
| CHNPZ89 | 中国 | 碰撞 | 2015-12-07 | 浙江舟山"浙三渔555"船与"富洋"轮碰撞事故 |
| CHNPZ90 | 中国 | 碰撞 | 2016-04-26 | 浙江舟山"KMS NGAPORE"轮与"浙嵊渔07703"船碰撞事故 |
| CHNPZ91 | 中国 | 碰撞 | 2015-12-13 | 浙江舟山"VOGE CHALLENGER"轮与"浙奉渔13016"船碰撞事故 |
| CHNPZ92 | 中国 | 碰撞 | 2016-05-14 | 浙江舟山"普远816"轮与"豪海9"轮碰撞事故 |
| CHNPZ93 | 中国 | 碰撞 | 2016-05-06 | 浙江宁波"高诚2"轮与"COSCOFUKUYAMA"轮碰撞事故 |
| CHNPZ94 | 中国 | 碰撞 | 2016-12-17 | 浙江宁波"浙玉机166"轮与"峻洋08"轮碰撞事故 |
| CHNPZ95 | 中国 | 碰撞 | 2016-06-12 | 广东东莞沙田"SMART LISA"轮碰撞事故 |
| CHNPZ96 | 中国 | 碰撞 | 2017-10-02 | 浙江宁波象山"鑫锦运"轮与"浙象渔40090"轮碰撞事故 |
| CHNPZ97 | 中国 | 碰撞 | 2018-04-30 | 浙江宁波"海甸浚2017"轮与"浙象渔05276"轮碰撞事故 |
| CHNPZ98 | 中国 | 碰撞 | 2018-08-07 | 浙江宁波"苏泰海洋9"轮与"江州1"轮碰撞事故 |
| CHNPZ99 | 中国 | 碰撞 | 2018-12-15 | 浙江宁波"宝迪隆1"轮与"华伦99"轮碰撞事故 |
| CHNPZ100 | 中国 | 碰撞 | 2019-01-06 | 浙江宁波"捷海189"轮与"浙象渔47118"轮碰撞事故 |
| CHNPZ101 | 中国 | 碰撞 | 2019-02-28 | 浙江宁波"TIANLONG SPIRIT"轮与"EPISKOP"轮碰撞事故 |
| CHNPZ102 | 中国 | 碰撞 | 2015-01-16 | 浙江舟山"富海17"轮与"皖江泰818"轮碰撞事故 |
| CHNPZ103 | 中国 | 碰撞 | 2016-01-13 | 浙江舟山"MINERVA PISCES"轮与"浙普渔42234"轮碰撞事故 |
| CHNPZ104 | 中国 | 碰撞 | 2018-03-02 | 浙江嘉兴"嘉荣39"轮与"金辉166"轮碰撞事故 |

续上表

| 报告编号 | 国家 | 事故类型 | 事故日期 | 事故名称 |
|---|---|---|---|---|
| CHNPZ105 | 中国 | 碰撞 | 2017-08-11 | 浙江台州"ASIATIC NEPUNE"轮与"琼三亚渔92118"船碰撞事故 |
| CHNPZ106 | 中国 | 碰撞 | 2018-03-11 | 浙江台州"浙普工158"轮与三无渔船碰撞事故 |
| CHNPZ107 | 中国 | 碰撞 | 2018-09-12 | 浙江台州"鸿鑫69"轮与无名小渔船碰撞事故 |
| CHNPZ108 | 中国 | 碰撞 | 2017-02-20 | 浙江舟山"GREAT SEA"轮与"鲁荣渔58999"船碰撞事故 |
| CHNPZ109 | 中国 | 碰撞 | 2017-02-11 | 浙江舟山"YMM LESTONE"轮与"浙象渔43003"船碰撞事故 |
| CHNPZ110 | 中国 | 碰撞 | 2017-03-07 | 浙江舟山"浙岱渔04206"船与"柘中22"船碰撞事故 |
| CHNPZ111 | 中国 | 碰撞 | 2018-10-06 | 浙江舟山"长盛3"轮与"浙岭渔233786"船碰撞事故 |
| CHNPZ112 | 中国 | 碰撞 | 2018-12-26 | 浙江舟山"华伦67"轮与"浙奉渔26011"船碰撞事故 |
| CHNPZ113 | 中国 | 碰撞 | 2018-03-30 | 浙江舟山"BUNUN JUSTICE"轮与鲁荣远"渔运001""鲁荣渔58979""鲁荣渔58869"船组碰撞事故 |
| CHNPZ114 | 中国 | 碰撞 | 2019-08-01 | 浙江舟山"JIN WAN"轮与"浙普渔68956"碰撞事故 |
| CHNPZ115 | 中国 | 碰撞 | 2019-08-07 | 浙江舟山"浙临机589"轮与无名小船碰撞事故 |
| CHNPZ116 | 中国 | 碰撞 | 2016-01-15 | 浙江舟山"NORTHERN JASPER"轮与"SAFMARINE MERU"轮碰撞事故 |
| CHNPZ117 | 中国 | 碰撞 | 2017-09-18 | 浙江舟山"恒帆178"轮与"浙临机621"轮碰撞事故 |
| CHNPZ118 | 中国 | 碰撞 | 2017-07-07 | 浙江舟山"KIRAN CHINA"轮与"浙普渔41117"轮碰撞事故 |
| CHNPZ119 | 中国 | 碰撞 | 2018-04-04 | 浙江舟山"皓翔17"轮与"浙定渔油10688"轮碰撞事故 |
| CHNPZ120 | 中国 | 碰撞 | 2019-08-06 | 浙江椒江"浙椒渔运88336"轮与"FUHAIJILI"船碰撞事故 |
| CHNPZ121 | 中国 | 碰撞 | 2018-08-29 | 浙江舟山"喧腾禹文"轮与"浙岱渔063083"轮碰撞事故 |

附录　海上事故基本信息

续上表

| 报告编号 | 国家 | 事故类型 | 事故日期 | 事故名称 |
|---|---|---|---|---|
| CHNPZ122 | 中国 | 碰撞 | 2019-04-09 | 浙江舟山"浙兴航87"轮与"浙嵊渔冷80002"轮碰撞事故 |
| CHNPZ123 | 中国 | 碰撞 | 2018-12-13 | 浙江舟山"浙普渔运98785"船与"浙椒机915"船碰撞事故 |
| CHNPZ124 | 中国 | 碰撞 | 2015-03-22 | 浙江舟山"中根1558"轮与"CHON MA SAN"轮碰撞事故 |
| CHNPZ125 | 中国 | 碰撞 | 2015-07-13 | 浙江舟山"万利8"轮与"HENG RUN"轮碰撞事故 |
| CHNPZ126 | 中国 | 碰撞 | 2016-04-14 | 浙江舟山"潮安328"轮与"定港机3040"船碰撞事故 |
| CHNPZ127 | 中国 | 碰撞 | 2017-05-05 | 浙江肇庆"粤洋288"与"平南永佳0968"碰撞事故 |
| CHNPZ128 | 中国 | 碰撞 | 2018-01-01 | 广东东莞"振东628"船与"博运868"船碰撞事故 |
| CHNPZ129 | 中国 | 碰撞 | 2018-11-06 | 广东江门"粤明达26"船与无名涉渔小艇碰撞事故 |
| CHNPZ130 | 中国 | 碰撞 | 2015-09-08 | 广东湛江船舶碰撞较大水上交通事故 |
| CHNPZ131 | 中国 | 碰撞 | 2015-01-04 | 广东佛山"捷顺达33"船与涉渔三无船舶碰撞事故 |
| CHNPZ132 | 中国 | 碰撞 | 2017-02-14 | 广东佛山"鑫旺99"轮与"粤三渔81063"渔船碰撞事故 |
| CHNPZ133 | 中国 | 碰撞 | 2015-12-17 | 广东英德"粤清远货1909"与自用船碰撞事故 |
| CHNPZ134 | 中国 | 碰撞 | 2019-01-10 | 广东清城自用艇碰撞航标艇事故调查报告 |
| CHNPZ135 | 中国 | 碰撞 | 2015-04-18 | 广东汕尾"中外运福州"轮与"粤陆渔44021"船碰撞事故 |
| CHNPZ136 | 中国 | 碰撞 | 2017-10-07 | 广东肇庆"轩怡12"船与"安顺1098"船碰撞事故 |
| CHNPZ137 | 中国 | 碰撞 | 2018-04-08 | 广东汕头"宏翔569"轮与"粤饶渔46326"船碰撞事故 |
| CHNPZ138 | 中国 | 碰撞 | 2017-10-07 | 广东汕头"航宇7"轮与"粤油头渡2023"船碰撞事故 |
| CHNPZ139 | 中国 | 碰撞 | 2015-09-25 | 福建漳州"G·LUCKY"轮与"HANJIN MUNDRA"轮碰撞事故 |

续上表

| 报告编号 | 国家 | 事故类型 | 事故日期 | 事故名称 |
|---|---|---|---|---|
| CHNPZ140 | 中国 | 碰撞 | 2015-07-31 | 广东广州"惠丰年868"船与"粤阳西渔24260"船碰撞事故 |
| CHNPZ141 | 中国 | 碰撞 | 2020-07-27 | 浙江舟山"舟电7"轮与"业丰168"轮碰撞事故 |
| CHNPZ142 | 中国 | 碰撞 | 2016-06-12 | 广东广州"泰华航678"船与一艘无牌无证船舶碰撞事故 |
| CHNPZ143 | 中国 | 碰撞 | 2016-11-05 | 广东广州"贵港和顺8968"船与无牌无证小木艇碰撞事故 |
| CHNPZ144 | 中国 | 碰撞 | 2017-08-23 | 广东广州"SEA DIAMOND"与"广龙6"碰撞事故 |
| CHNPZ145 | 中国 | 碰撞 | 2017-11-15 | 广东广州"粤东莞货0186"与无牌无证小渔船碰撞事故 |
| CHNPZ146 | 中国 | 碰撞 | 2018-01-14 | 广东惠州"经纬油2"船与涉渔三无船碰撞事故 |
| CHNPZ147 | 中国 | 碰撞 | 2018-11-05 | 广东惠州"Dorena"船与"闽狮渔07576"船碰撞事故 |
| CHNPZ148 | 中国 | 碰撞 | 2017-07-25 | 广东惠州两艘无名小艇碰撞事故 |
| CHNPZ149 | 中国 | 碰撞 | 2019-11-03 | 广东云浮"粤广州货1833"船与"粤云渔90693"船碰撞事故 |
| CHNPZ150 | 中国 | 碰撞 | 2016-04-01 | 福建漳州"MAKASSAR HIGHWAY"轮与"龙翔20号"轮碰撞事故 |
| CHNPZ151 | 中国 | 碰撞 | 2018-10-05 | 福建漳州"顺兴0889"轮与"浦古岱0653"轮碰撞事故 |
| CHNPZ152 | 中国 | 碰撞 | 2018-02-02 | 浙江舟山"沪油18"轮与"百通8"轮碰撞事故 |
| CHNPZ153 | 中国 | 碰撞 | 2018-01-23 | 琼州海峡"海丰烟台"轮与"琼临渔03369"碰撞事故 |
| CHNPZ154 | 中国 | 碰撞 | 2019-01-23 | 海南八所"东方68"轮与"琼儋渔11114"轮碰撞事故 |
| CHNPZ155 | 中国 | 碰撞 | 2018-08-19 | 海南八所"DRAGON SKY"轮触碰"海洋石油719"轮勘探电缆事故 |
| CHNPZ156 | 中国 | 碰撞 | 2015-08-10 | 海南东方江边乡乡镇自用船碰撞事故 |
| CHNPZ157 | 中国 | 碰撞 | 2019-03-21 | 海南洋浦"G"轮与无名渔船Y碰撞事故 |
| CHNPZ158 | 中国 | 碰撞 | 2018-05-17 | 海南洋浦"J"轮与渔船"Q"碰撞事故 |

附录 海上事故基本信息

续上表

| 报告编号 | 国家 | 事故类型 | 事故日期 | 事故名称 |
|---|---|---|---|---|
| CHNPZ159 | 中国 | 碰撞 | 2015-10-29 | 浙江台州"HANG AN"船与"浙玉渔54002"船碰撞事故 |
| CHNPZ160 | 中国 | 碰撞 | 2015-10-16 | 浙江椒江"TAXN"轮与"永隆79"轮碰撞事故 |
| CHNPZ161 | 中国 | 碰撞 | 2015-11-19 | 浙江温岭"中海油供2"船与渔港交通船碰撞事故 |
| CHNPZ162 | 中国 | 碰撞 | 2016-10-28 | 浙江台州"AUSTRALIS"轮与"浙岭渔91002"轮碰撞事故 |
| CHNPZ163 | 中国 | 碰撞 | 2018-03-15 | 浙江温州"APL SOUTHAMPTON"轮与"浙岭渔52035"船碰撞事故 |
| CHNPZ164 | 中国 | 碰撞 | 2017-04-09 | 浙江温州黄华三无运输船与三无渔船碰撞事故 |
| CHNPZ165 | 中国 | 碰撞 | 2017-10-12 | 浙江台州"MAERSK ENSHI"轮与"浙岭渔74036"轮碰撞事故 |
| CHNPZ166 | 中国 | 碰撞 | 2018-04-05 | 海南海口"尖峰岭"轮与"鸿洋轮"轮碰撞事故 |
| CHNPZ167 | 中国 | 碰撞 | 2019-10-31 | 浙江宁波"WISDOM GRACE"轮与"鄞通顺227"轮碰撞事故 |
| CHNPZ168 | 中国 | 碰撞 | 2015-03-14 | 江苏南京"苏华民货6688"轮与"苏洪运货3333"轮、"宁港2号"轮碰撞事故 |
| CHNPZ169 | 中国 | 碰撞 | 2019-05-20 | 福建莆田"FH6"轮与"CH9"轮碰撞事故 |
| CHNPZ170 | 中国 | 碰撞 | 2018-12-31 | 福建莆田"GF7"轮与"HAS"轮碰撞事故 |
| CHNPZ171 | 中国 | 碰撞 | 2014-09-25 | 浙江温岭"兴航227"船与"浙玉渔冷10108"船碰撞事故 |
| CHNPZ172 | 中国 | 碰撞 | 2014-07-04 | 浙江玉环"浙玉机833"轮与"永安洲588"船碰撞事故 |
| CHNPZ173 | 中国 | 碰撞 | 2020-03-26 | 上海"华通306"轮与"宏运油19"轮碰撞溢油事故 |
| CHNPZ174 | 中国 | 碰撞 | 2019-09-23 | 浙江舟山"KUM HAE"轮与"浙岱渔11498"轮碰撞事故 |
| CHNPZ175 | 中国 | 碰撞 | 2020-01-02 | 广东广州"粤顺盈118"船与"粤番渔01169"船碰撞事故 |
| CHNPZ176 | 中国 | 碰撞 | 2019-11-19 | 江苏太仓"W"轮与"Y"轮碰撞事故 |
| CHNPZ177 | 中国 | 碰撞 | 2016-04-12 | 江苏太仓"S"轮、"H"轮、"Y"轮碰撞事故 |

续上表

| 报告编号 | 国家 | 事故类型 | 事故日期 | 事故名称 |
|---|---|---|---|---|
| CHNPZ178 | 中国 | 碰撞 | 2018-11-26 | 江苏太仓"H"轮与"Y"轮碰撞事故 |
| CHNPZ179 | 中国 | 碰撞 | 2018-12-06 | 江苏太仓"Z"轮与"X"轮碰撞事故 |
| CHNPZ180 | 中国 | 碰撞 | 2015-02-16 | 江苏常熟"G"轮与"C"轮碰撞事故 |
| CHNPZ181 | 中国 | 碰撞 | 2016-07-13 | 江苏常熟"Z"轮与"C"轮碰撞事故 |
| CHNPZ182 | 中国 | 碰撞 | 2016-11-17 | 江苏常熟"N"轮与"J"轮碰撞事故 |
| CHNPZ183 | 中国 | 碰撞 | 2017-05-06 | 江苏常熟"H"轮与"C"轮碰撞事故 |
| CHNPZ184 | 中国 | 碰撞 | 2017-05-19 | 江苏常熟"R"起重船自备艇与"W"轮碰撞事故 |
| CHNPZ185 | 中国 | 碰撞 | 2018-04-19 | 江苏常熟"S"轮与"X"轮碰撞事故 |
| CHNPZ186 | 中国 | 碰撞 | 2015-01-07 | 江苏泰州"J"轮与无证捕鱼船碰撞事故 |
| CHNPZ187 | 中国 | 碰撞 | 2018-04-10 | 江苏泰州"G"轮与"W"轮碰撞事故 |
| CHNPZ188 | 中国 | 碰撞 | 2018-04-18 | 江苏泰州无证捕鱼船与T轮碰撞事故 |
| CHNPZ189 | 中国 | 碰撞 | 2015-06-11 | 江苏泰州"W"轮与"Y"轮碰撞事故 |
| CHNPZ190 | 中国 | 碰撞 | 2016-06-27 | 江苏泰州"Z"轮与"J"轮碰撞事故 |
| CHNPZ191 | 中国 | 碰撞 | 2016-07-14 | 江苏泰州个体运输船与"Y"轮碰撞事故 |
| CHNPZ192 | 中国 | 碰撞 | 2018-08-01 | 江苏泰州无证交通船与"T"轮碰撞事故 |
| CHNPZ193 | 中国 | 碰撞 | 2018-10-12 | 江苏泰州"T"轮与"W"轮碰撞事故 |
| CHNPZ194 | 中国 | 碰撞 | 2016-11-28 | 江苏泰州"H"轮与"K"轮碰撞事故 |
| CHNPZ195 | 中国 | 碰撞 | 2019-12-30 | 江苏泰州"S"轮与"W"轮碰撞事故 |
| CHNPZ196 | 中国 | 碰撞 | 2017-12-31 | 江苏泰州"Z"轮与"J"轮碰撞事故 |
| CHNPZ197 | 中国 | 碰撞 | 2016-01-11 | 江苏南通"H"轮与"Y"轮碰撞事故 |
| CHNPZ198 | 中国 | 碰撞 | 2015-09-01 | 江苏张家港"J"轮与"M"轮碰撞事故 |
| CHNPZ199 | 中国 | 碰撞 | 2018-05-11 | 江苏张家港"X"轮与"Z"轮碰撞事故 |
| CHNPZ200 | 中国 | 碰撞 | 2020-03-28 | 浙江舟山"惠丰9289"轮与"浙普渔34197"船碰撞事故 |
| CHNPZ201 | 中国 | 碰撞 | 2015-03-05 | 江苏如皋"S"轮、"Y"轮对拖船组与"H"轮碰撞事故 |
| CHNPZ202 | 中国 | 碰撞 | 2018-03-31 | 江苏扬州"W"轮与"J"轮碰撞事故 |
| CHNPZ203 | 中国 | 碰撞 | 2019-04-06 | 江苏扬州"W"轮自备艇与"H"轮碰撞事故 |

附录 海上事故基本信息

续上表

| 报告编号 | 国家 | 事故类型 | 事故日期 | 事故名称 |
|---|---|---|---|---|
| CHNPZ204 | 中国 | 碰撞 | 2015-03-11 | 江苏江阴"H"轮与三无捕鱼船碰撞事故 |
| CHNPZ205 | 中国 | 碰撞 | 2016-05-08 | 江苏江阴"E"轮与"H"轮碰撞事故 |
| CHNPZ206 | 中国 | 碰撞 | 2015-06-22 | 江苏江阴"Q"轮与"R"轮等碰撞事故 |
| CHNPZ207 | 中国 | 碰撞 | 2015-07-03 | 江苏江阴"L"轮、"W"轮与"G"轮等船舶碰撞事故 |
| CHNPZ208 | 中国 | 碰撞 | 2015-09-12 | 江苏江阴"Z"轮与三无捕鱼船碰撞事故 |
| CHNPZ209 | 中国 | 碰撞 | 2016-11-05 | 江苏江阴三无捞铁船与"W"轮碰撞事故 |
| CHNPZ210 | 中国 | 碰撞 | 2016-11-25 | 江苏江阴"H"轮与"B"轮、三无吸沙船碰撞事故 |
| CHNPZ211 | 中国 | 碰撞 | 2019-12-19 | 浙江宁波"皖中海66"轮与"甬发3"轮碰撞事故 |
| CHNPZ212 | 中国 | 碰撞 | 2020-03-28 | 辽宁营口"YOU& ISLAND"轮与"辽绥渔3555"轮碰撞事故 |
| CHNPZ213 | 中国 | 碰撞 | 2020-03-15 | 浙江舟山"鸿达186"轮与"信达海2"轮碰撞事故 |
| CHNPZ214 | 中国 | 碰撞 | 2020-04-16 | 广东茂名"粤茂滨渔43822"渔船与"新昱洋"轮碰撞事故 |
| CHNPZ215 | 中国 | 碰撞 | 2020-03-13 | 广东汕尾"S"船与"Y"渔船碰撞事故 |
| CHNPZ216 | 中国 | 碰撞 | 2020-08-06 | 浙江舟山"宁连海1206"轮与"浙嵊渔05834"船碰撞事故 |
| CHNGQ1 | 中国 | 搁浅 | 2019-05-08 | 广东湛江"九江采9999"船搁浅及人员意外落水事故 |
| CHNGQ2 | 中国 | 搁浅 | 2015-11-11 | 广东珠海"桂桂平货7888"轮搁浅事故 |
| CHNGQ3 | 中国 | 搁浅 | 2018-02-27 | 广东汕头"FLOURISHEVER"轮搁浅事故 |
| CHNGQ4 | 中国 | 搁浅 | 2016-09-09 | 辽宁大连"W"轮搁浅事故 |
| CHNGQ5 | 中国 | 搁浅 | 2018-04-03 | 辽宁大连"B"轮搁浅事故 |
| CHNGQ6 | 中国 | 搁浅 | 2015-02-20 | 辽宁大连"H"轮搁浅事故 |
| CHNGQ7 | 中国 | 搁浅 | 2018-08-09 | 广东湛江徐闻"信海19号"客滚船搁浅事故 |
| CHNGQ8 | 中国 | 搁浅 | 2019-04-09 | 辽宁营口"恒帆178"轮搁浅事故 |
| CHNGQ9 | 中国 | 搁浅 | 2019-03-23 | 广西北海"北游25"轮搁浅事故 |
| CHNGQ10 | 中国 | 搁浅 | 2016-11-14 | 江苏常熟"X"轮搁浅事故 |

续上表

| 报告编号 | 国家 | 事故类型 | 事故日期 | 事故名称 |
|---|---|---|---|---|
| CHNGQ11 | 中国 | 搁浅 | 2015-10-04 | 广东惠州惠东"丰泽5"船搁浅事故 |
| CHNGQ12 | 中国 | 搁浅 | 2017-12-31 | 海南三沙"X"轮搁浅事故 |
| CHNGQ13 | 中国 | 搁浅 | 2018-04-06 | 海南洋浦"D"轮搁浅事故 |
| CHNGQ14 | 中国 | 搁浅 | 2013-12-29 | 辽宁大连"SAE BYOL"轮触礁事故 |
| CHNGQ15 | 中国 | 搁浅 | 2015-08-07 | 浙江舟山"江泉6"轮触礁事故 |
| CHNGQ16 | 中国 | 搁浅 | 2018-12-07 | 广东汕尾"盛合号"船触礁事故 |
| CHNGQ17 | 中国 | 搁浅 | 2018-08-27 | 广东清远"粤英德货8030"船沉没事故 |
| CHNGQ18 | 中国 | 搁浅 | 2017-10-02 | 辽宁大连"R"轮触礁事故 |
| CHNGQ19 | 中国 | 搁浅 | 2018-09-07 | 广东汕头"万通158"轮触礁事故 |
| CHNGQ20 | 中国 | 搁浅 | 2019-07-01 | 浙江舟山"豫信货13176"轮触礁事故 |
| CHNGQ21 | 中国 | 搁浅 | 2016-12-15 | 浙江舟山"鸿源02"轮触礁事故 |
| CHNGQ22 | 中国 | 搁浅 | 2016-12-04 | 浙江舟山"荣昌98"轮触礁事故 |
| CHNGQ23 | 中国 | 搁浅 | 2017-02-16 | 广东汕尾"安强19"船触礁事故 |
| CHNGQ24 | 中国 | 搁浅 | 2016-10-21 | 广东汕头"苏嘉航1"轮触礁事故 |
| CHNGQ25 | 中国 | 搁浅 | 2015-09-19 | 广东广州"天力968"船触礁事故 |
| CHNGQ26 | 中国 | 搁浅 | 2016-01-24 | 广东广州"欣洋"轮触礁事故 |
| CHNGQ27 | 中国 | 搁浅 | 2019-09-21 | 浙江舟山"VANWAH"轮触礁沉没事故 |
| CHNGQ28 | 中国 | 搁浅 | 2017-11-25 | 福建漳州"实华66"轮触礁事故 |
| CHNGQ29 | 中国 | 搁浅 | 2019-10-24 | 辽宁丹东无证自卸砂船触礁事故 |
| CHNGQ30 | 中国 | 搁浅 | 2019-04-25 | 海南三沙"X"号游艇触礁事故 |
| CHNGQ31 | 中国 | 搁浅 | 2016-05-01 | 海南海口"湘汉寿货1918"轮沉没事故 |
| CHNGQ32 | 中国 | 搁浅 | 2018-09-25 | 浙江温州"浩祥19"轮触礁事故 |
| CHNGQ33 | 中国 | 搁浅 | 2018-12-28 | 福建莆田"YC1"轮触礁事故 |
| CHNGQ34 | 中国 | 搁浅 | 2018-12-22 | 福建莆田"XHJ"轮触礁事故 |
| CHNGQ35 | 中国 | 搁浅 | 2018-12-28 | 福建莆田"WZH88"轮触礁事故 |
| CHNZC1 | 中国 | 自沉 | 2019-04-15 | 广东汕头"金源轮6号"轮自沉事故 |
| CHNZC2 | 中国 | 自沉 | 2018-02-28 | 天津"湘湘阴货0410"轮自沉事故 |

# 附录 海上事故基本信息

续上表

| 报告编号 | 国家 | 事故类型 | 事故日期 | 事故名称 |
|---|---|---|---|---|
| CHNZC3 | 中国 | 自沉 | 2018-05-18 | 广东广州"粤东莞吹0079"轮沉没事故 |
| CHNZC4 | 中国 | 自沉 | 2016-10-14 | 天津"泰顺机62183"轮自沉事故 |
| CHNZC5 | 中国 | 自沉 | 2017-04-19 | 天津"富航66"轮沉没事故 |
| CHNZC6 | 中国 | 自沉 | 2016-08-31 | 辽宁大连"Y6699"轮自沉事故 |
| CHNZC7 | 中国 | 自沉 | 2018-11-17 | 广东揭阳"鸿泰16"轮自沉事故 |
| CHNZC8 | 中国 | 自沉 | 2016-01-08 | 福建福州"华星107"轮自沉事故 |
| CHNZC9 | 中国 | 自沉 | 2016-03-11 | 山东滨州"湘平江货0355"轮自沉事故 |
| CHNZC10 | 中国 | 自沉 | 2018-04-24 | 上海"生松618"轮自沉事故 |
| CHNZC11 | 中国 | 自沉 | 2015-08-11 | 上海洋山港"JY6"轮自沉事故 |
| CHNZC12 | 中国 | 自沉 | 2018-12-26 | 上海洋山港"GS8669"轮自沉事故 |
| CHNZC13 | 中国 | 自沉 | 2018-04-04 | 江苏盐城"象屿蓝海"轮自沉事故 |
| CHNZC14 | 中国 | 自沉 | 2018-02-02 | 江苏连云港"长安1"轮自沉事故 |
| CHNZC15 | 中国 | 自沉 | 2020-05-08 | 广东江门"S"船自沉事故 |
| CHNZC16 | 中国 | 自沉 | 2020-05-30 | 浙江宁波"联航7"轮自沉事故 |
| CHNZC17 | 中国 | 自沉 | 2020-03-14 | 台湾浅滩"J"轮自沉事故 |
| CHNHZ1 | 中国 | 火灾/爆炸 | 2018-05-16 | 广东广州"创圣海"轮爆炸事故 |
| CHNHZ2 | 中国 | 火灾/爆炸 | 2018-05-04 | 天津"中石2"轮爆炸事故 |
| CHNHZ3 | 中国 | 火灾/爆炸 | 2015-01-04 | 广东湛江"润广9"轮爆炸事故 |
| CHNHZ4 | 中国 | 火灾/爆炸 | 2016-07-02 | 福建厦门"海顺9"轮火灾事故 |
| CHNHZ5 | 中国 | 火灾/爆炸 | 2019-06-12 | 辽宁营口"BONNY ISLAND"轮机舱火灾事故 |
| CHNHZ6 | 中国 | 火灾/爆炸 | 2015-10-12 | 河北沧州"俞垛96"轮爆炸/火灾事故 |
| CHNHZ7 | 中国 | 火灾/爆炸 | 2019-04-01 | 上海吴淞"盛泰"轮火灾事故 |
| CHNHZ8 | 中国 | 火灾/爆炸 | 2018-11-21 | 河北唐山"万兴达"轮火灾事故 |
| CHNHZ9 | 中国 | 火灾/爆炸 | 2015-08-03 | 上海"YE CHI"轮火灾事故 |
| CHNHZ10 | 中国 | 火灾/爆炸 | 2018-03-11 | 浙江舟山"晟通油"爆炸事故 |
| CHNHZ11 | 中国 | 火灾/爆炸 | 2016-10-20 | 海南东方八所港"丰盛油8"轮机舱爆炸事故 |
| CHNHZ12 | 中国 | 火灾/爆炸 | 2016-10-14 | 浙江舟山"浙定58723"船爆炸事故 |

续上表

| 报告编号 | 国家 | 事故类型 | 事故日期 | 事故名称 |
|---|---|---|---|---|
| CHNHZ13 | 中国 | 火灾/爆炸 | 2017-01-03 | 广东湛江"丰永2号"船火灾事故 |
| CHNHZ14 | 中国 | 火灾/爆炸 | 2018-08-24 | 福建莆田"YL106"轮火灾事故 |
| CHNHZ15 | 中国 | 火灾/爆炸 | 2020-06-02 | 浙江舟山"隆裕清1"轮爆炸火灾事故 |
| CHNHZ16 | 中国 | 火灾/爆炸 | 2020-08-06 | 广东湛江"鑫华祥"轮火灾事故 |
| CHNCP1 | 中国 | 触碰 | 2015-06-05 | 广东揭阳"嘉庆"轮触碰揭阳红东物流码头事故 |
| CHNCP2 | 中国 | 触碰 | 2015-05-09 | 上海吴淞"PACIFIC BRIDGE"轮触碰长江口潮位站事故 |
| CHNCP3 | 中国 | 触碰 | 2018-07-13 | 上海洋山港"ZS97306"轮触碰上海LG新城东港区公用码头引桥事故 |
| CHNCP4 | 中国 | 触碰 | 2017-06-26 | 上海"鲲展"轮触碰孚宝码头W泊位事故 |
| CHNCP5 | 中国 | 触碰 | 2019-03-25 | 黄海南部"苏连云港货886"轮触碰国家电投滨海北H2海上风电场38号风机事故 |
| CHNCP6 | 中国 | 触碰 | 2018-06-15 | 辽宁营口"ERIKOUSSA"轮触碰仙人岛16号灯浮标事故 |
| CHNCP7 | 中国 | 触碰 | 2016-03-19 | 广东广州"宇航2017"船触碰港珠澳大桥26号桥墩防橦桩事故 |
| CHNCP8 | 中国 | 触碰 | 2017-04-01 | 广东珠海"新晨光20"轮触碰莲溪大桥事故 |
| CHNCP9 | 中国 | 触碰 | 2016-10-05 | 广东江门"粤广州货2366"触碰新会虎坑大桥事故 |
| CHNCP10 | 中国 | 触碰 | 2018-11-25 | 广东东莞"顺安127"轮触碰万江大桥事故 |
| CHNCP11 | 中国 | 触碰 | 2017-12-12 | 河北秦皇岛"海鸿达198"轮触碰事故 |
| CHNCP12 | 中国 | 触碰 | 2016-09-14 | 辽宁大连"BW"轮触碰旅顺新港3号灯浮事故 |
| CHNCP13 | 中国 | 触碰 | 2015-11-12 | 浙江宁波"中金5"轮触碰海底电缆事故 |
| CHNCP14 | 中国 | 触碰 | 2016-03-15 | 浙江宁波"云紫3"轮触碰海底电缆事故 |
| CHNCP15 | 中国 | 触碰 | 2018-05-31 | 浙江宁波"SITC NINGBO"轮触碰北仑协和码头引桥事故 |
| CHNCP16 | 中国 | 触碰 | 2017-11-08 | 辽宁大连"M"轮触碰岸桥事故 |
| CHNCP17 | 中国 | 触碰 | 2017-12-26 | 辽宁大连"Z"轮触碰码头事故 |
| CHNCP18 | 中国 | 触碰 | 2015-01-10 | 辽宁大连"B"轮触碰门机事故 |

附录　海上事故基本信息

续上表

| 报告编号 | 国家 | 事故类型 | 事故日期 | 事故名称 |
|---|---|---|---|---|
| CHNCP19 | 中国 | 触碰 | 2016-07-22 | 天津无证运输船舶触碰海滨大道跨永定新河特大桥事故 |
| CHNCP20 | 中国 | 触碰 | 2017-10-16 | 上海佘山海域"皖顺风号"轮触碰海底光缆事故 |
| CHNCP21 | 中国 | 触碰 | 2016-05-10 | 浙江舟山"浙普拖69"拖带"金海洋桩1"触碰响礁门大桥事故 |
| CHNCP22 | 中国 | 触碰 | 2015-10-15 | 广东肇庆"粤佛山工2038"船碰撞肇庆西江大桥事故 |
| CHNCP23 | 中国 | 触碰 | 2015-05-31 | 广东珠海"荟通138"轮触碰事故 |
| CHNCP24 | 中国 | 触碰 | 2017-12-13 | 广东湛江"庆华海"轮触碰宝盛码头事故 |
| CHNCP25 | 中国 | 触碰 | 2019-02-27 | 广东湛江徐闻"众鑫1668"船触碰海底光缆事故 |
| CHNCP26 | 中国 | 触碰 | 2019-04-20 | 广东佛山"汇金易21"船触碰和顺大桥事故 |
| CHNCP27 | 中国 | 触碰 | 2016-10-07 | 广东佛山"粤清远工3618"船触碰游泳者致死事故 |
| CHNCP28 | 中国 | 触碰 | 2017-01-08 | 广东广州"惠丰年298"船触碰番中公路洪奇沥大桥事故 |
| CHNCP29 | 中国 | 触碰 | 2018-09-24 | 广东广州"粤明达09"船触碰桥梁事故 |
| CHNCP30 | 中国 | 触碰 | 2019-01-10 | 广东广州"粤东莞货1306"船触碰广深高速公路东洲大桥事故 |
| CHNCP31 | 中国 | 触碰 | 2016-09-20 | 海南洋浦"H"轮触碰渔排事故 |
| CHNCP32 | 中国 | 触碰 | 2018-04-15 | 海南海口"隆庆1"轮触碰中石化马村油库码头事故 |
| CHNCP33 | 中国 | 触碰 | 2018-07-14 | 福建莆田"Y9979"轮触碰海底供水管道事故 |
| CHNCP34 | 中国 | 触碰 | 2014-10-14 | 浙江椒江"浙椒江货6503"轮触损椒江大桥事故 |
| CHNCP35 | 中国 | 触碰 | 2016-08-03 | 江苏常州"A"轮触碰事故 |
| CHNCP36 | 中国 | 触碰 | 2017-08-01 | 江苏太仓"X"轮触碰事故 |
| CHNCP37 | 中国 | 触碰 | 2019-09-13 | 江苏泰州"H"轮碰撞"L"轮及触碰码头事故 |
| CHNCP38 | 中国 | 触碰 | 2019-12-28 | 福建漳州"黄海前进"轮触碰招银码头事故 |
| CHNCP39 | 中国 | 触碰 | 2020-05-05 | 浙江宁波"众茂3"轮触碰宁波冠保码头事故 |

续上表

| 报告编号 | 国家 | 事故类型 | 事故日期 | 事故名称 |
|---|---|---|---|---|
| UKPZ1 | 英国 | 碰撞 | 2013-12-11 | Collision between PAULA C and DARYAGAYATRI in the south-west lane of the Dover Strait Traffic Separation Scheme |
| UKPZ2 | 英国 | 碰撞 | 2013-03-19 | Collision between CMA CGM FLORIDA and CHOU SHAN, 40 miles east of Shanghai, East China Sea |
| UKPZ3 | 英国 | 碰撞 | 2011-02-11 | Collision between MV BOXFORD and FV ADMIRAL BLAKE, 29 nautical miles south of Start Point, English Channel |
| UKPZ4 | 英国 | 碰撞 | 2012-03-10 | Collision between SEAGATE and TIMOR STREAM, 24 nautical miles north of the Dominican Republic |
| UKPZ5 | 英国 | 碰撞 | 2011-04-09 | Collision between MV PHILIPP and FV LYNN MARIE, 6 nautical miles south of the Isle of Man |
| UKPZ6 | 英国 | 碰撞 | 2014-01-22 | Collision between fishing vessels SAPPHIRE STONE and KAREN resulting in the loss of KAREN, 11 miles southeast of Campbeltown |
| UKPZ7 | 英国 | 碰撞 | 2018-08-04 | Collision between the container vessel ANL WYONG and the gas carrier KING ARTHUR in the approaches to Algeciras, Spain |
| UKPZ8 | 英国 | 碰撞 | 2012-03-24 | MV SPRING BOK and MV GAS ARCTC collision, 6 nautical miles south of Dungeness, UK |
| UKPZ9 | 英国 | 碰撞 | 2012-03-07 | Collision between STENA FERONIA and UNION MOON in Belfast Lough |
| UKPZ10 | 英国 | 碰撞 | 2011-12-11 | Collision between ACX HIBISCUS and HYUNDAI DISCOVERY in the approaches to the eastern Singapore Strait TSS |
| UKPZ11 | 英国 | 碰撞 | 2011-03-06 | Collision between the container ship COSCO HONG KONG and the fish transportation vessel ZHE LING YU YUN 135 at East China Sea, resulting in the loss of 11 lives |

附录　海上事故基本信息

续上表

| 报告编号 | 国家 | 事故类型 | 事故日期 | 事故名称 |
|---|---|---|---|---|
| UKPZ12 | 英国 | 碰撞 | 2014-06-08 | Collision between the dredger Shoreway and the yacht ORCA, 7 miles off the coast of Felixstowe, resulting in one fatality |
| UKPZ13 | 英国 | 碰撞 | 2017-07-01 | Collision between HUAYANG ENDEAVOUR and SEAFRONTIER, approximately 5 nautical miles west of Sandettie Bank, English Channel |
| UKPZ14 | 英国 | 碰撞 | 2015-08-29 | Collision between the general cargo ship DAROJA and the oil bunker barge ERIN WOOD, 4 nautical miles south-east of Peterhead, Scotland |
| UKPZ15 | 英国 | 碰撞 | 2015-02-11 | Collision between the container ship EVER SMART and the oil tanker ALEXANDRA 1, Jebel Ali, United Arab Emirates |
| UKPZ16 | 英国 | 碰撞 | 2015-07-29 | Collision between the fishing vessels SILVER DEE and GOOD INTENT, resulting in the foundering of SILVER DEE, Irish Sea |
| UKPZ17 | 英国 | 碰撞 | 2018-09-29 | Collision between the ro-ro passenger ferry RED FALCON and the motor cruiser PHOENIX, Thorn Channel, Southampton, England |
| SWEPZ1 | 瑞典 | 碰撞 | 2011-09-10 | Collision between the Maltese bulkcarrier GOLDEN TRADER and the Belgian fishing vessel VIDAR, 21 nautical miles west of Thyboren, Denmark |
| AUSPZ1 | 澳大利亚 | 碰撞 | 2018-01-23 | Collision between the container ship BEIJING BRIDGE and fishing vessel SAXON ONWARD, Tasman Sea, about 3 nautical miles south-east of Gabo Island, Victoria |
| AUSPZ2 | 澳大利亚 | 碰撞 | 2017-08-12 | Collision between the container ship GLASGOW EXPRESS and the fishing vessel MAKO, 15 nautical miles south of Cape Woolamai, Victoria |
| AUSPZ3 | 澳大利亚 | 碰撞 | 2015-06-23 | Collision between JAG ARNAV and TOTAL RESPONSE, 26 nautical miles north-west of Bunbury, Western Australia |

续上表

| 报告编号 | 国家 | 事故类型 | 事故日期 | 事故名称 |
|---|---|---|---|---|
| AUSPZ4 | 澳大利亚 | 碰撞 | 2014-07-06 | Collision between KOTA WAJAR and the yacht BLAZING KEEL, Moreton Bay, Queensland |
| AUSPZ5 | 澳大利亚 | 碰撞 | 2014-05-08 | Collision between ROYAL PESCADORES and DA HENG SHAN, Gage Roads Anchorage, Fremantle, Western Australia |
| KORPZ1 | 韩国 | 碰撞 | 2016-04-17 | Very large crude oil tanker WU YI SAN's Contact with dolphins |
| KORPZ2 | 韩国 | 碰撞 | 2014-12-01 | Sinking of the fishing trawler 501 ORYONG |
| KORPZ3 | 韩国 | 碰撞 | 2016-04-17 | Collision between CHANGJO VENUS, general cargo vessel, and OCEAN TANGO, vehicle carrier |
| UKGQ1 | 英国 | 搁浅 | 2011-11-21 | Grounding at the entrance to Ardglass Harbour, Northern Ireland |
| UKGQ2 | 英国 | 搁浅 | 2013-09-18 | Grounding of OVIT in the Dover Strait |
| UKGQ3 | 英国 | 搁浅 | 2011-01-03 | Grounding at the Entrance to Ardglass Harbour County, Northern Ireland |
| UKGQ4 | 英国 | 搁浅 | 2013-03-16 | Grounding of DANIO off Longstone, Farne Islands, England |
| UKGQ5 | 英国 | 搁浅 | 2013-02-16 | Grounding of the general cargo ship DOUWENT, Haisborough Sand |
| UKGQ6 | 英国 | 搁浅 | 2013-06-14 | Grounding of FR OCEAN, 2.5 miles south of Tobermory |
| UKGQ7 | 英国 | 搁浅 | 2012-12-12 | Grounding of MV BEAUMONT, Cabo Negro, Spain |
| UKGQ8 | 英国 | 搁浅 | 2013-08-05 | Grounding on SKIBBY BAAS and foundering in the north entrance to Lerwick Harbour, Shetland Islands |
| UKGQ9 | 英国 | 搁浅 | 2019-08-04 | Stranding and loss of the fishing vessel COELLEIRA VE SKERRIES, Shetland |
| UKGQ10 | 英国 | 搁浅 | 2018-03-27 | Grounding of general cargo vessel CELTICA HAV in the approaches to the River Neath, Wales |
| UKGQ11 | 英国 | 搁浅 | 2015-05-11 | Grounding of the cruise ship HAMBURG in the Sound of Mull, Scotland |

续上表

| 报告编号 | 国家 | 事故类型 | 事故日期 | 事故名称 |
| --- | --- | --- | --- | --- |
| UKGQ12 | 英国 | 搁浅 | 2011-01-31 | Grounding on the Isle of Rum |
| UKGQ13 | 英国 | 搁浅 | 2014-11-30 | Grounding of the general cargo ship VECTIS EAGLE, Gijon, Spain |
| UKGQ14 | 英国 | 搁浅 | 2016-12-03 | Grounding of MUROS, Haisborough Sand, North Sea |
| UKGQ15 | 英国 | 搁浅 | 2014-07-14 | Grounding and flooding of the ro-ro ferry COMMODORE CLIPPER in the approaches to St Peter Port, Guernsey |
| UKGQ16 | 英国 | 搁浅 | 2019-05-08 | Grounding of the ro-ro freight ferry SEATRUCK PERFORMANCE in Carlingford Lough, Northern Ireland |
| UKGQ17 | 英国 | 搁浅 | 2013-10-28 | Anchor dragging and subsequent grounding of STENA ALEGRA, Karlskrona |
| UKGQ18 | 英国 | 搁浅 | 2014-01-03 | Grounding of the liquefied gas carrier NAVIGATOR SCORPIO on Haisborough Sand, North Sea |
| UKGQ19 | 英国 | 搁浅 | 2011-08-03 | Grounding of KARIN SCHEPERS at Pendeen, Cornwall, UK |
| UKGQ20 | 英国 | 搁浅 | 2016-08-22 | Grounding of the ultra-large container vessel CMA CGM VASCO DE GAMA, Thorn Channel, Southampton, England |
| UKGQ21 | 英国 | 搁浅 | 2012-07-02 | Grounding of COASTAL ISLE, Island of Bute |
| UKGQ22 | 英国 | 搁浅 | 2018-07-18 | Grounding of the general cargo vessel PRISCILLA on Pentland Skerries, Pentland Firth, Scotland |
| UKGQ23 | 英国 | 搁浅 | 2017-10-10 | Grounding of the general cargo vessel RUYTER RATHL in Island, UK |
| UKGQ24 | 英国 | 搁浅 | 2011-09-07 | Grounding of FV GOLDEN PROMISE on the Island of Stroma |
| UKGQ25 | 英国 | 搁浅 | 2011-02-15 | Grounding of K-WAVE near Malaga, Spain |
| UKGQ26 | 英国 | 搁浅 | 2015-08-24 | Grounding and flooding in Inninmore Bay, Sound of Mull, Scotland |
| UKGQ27 | 英国 | 搁浅 | 2015-02-18 | Grounding of LYSBLINK SEAWAYS, Kilchoan, West Scotland |

续上表

| 报告编号 | 国家 | 事故类型 | 事故日期 | 事故名称 |
| --- | --- | --- | --- | --- |
| UKGQ28 | 英国 | 搁浅 | 2011-03-16 | Electrical blackout and subsequent grounding of the feeder container vessel CLONLEE on the River Tyne, England |
| UKGQ29 | 英国 | 搁浅 | 2018-10-21 | Collision between the ro-ro passenger ferry RED FALCON and the moored yacht GREYLAG in Cowes Harbour, Isle of Wight |
| UKGQ30 | 英国 | 搁浅 | 2011-08-09 | Grounding of CSL THAMES in the sound of Mull |
| UKGQ31 | 英国 | 搁浅 | 2017-10-08 | Grounding of the general cargo ship ISLAY TRADER, Margate, UK |
| UKGQ32 | 英国 | 搁浅 | 2017-06-10 | Groundings of OCEAN PREFECT, Umm Al Qaywayn, United Arab Emirates |
| SWEGQ1 | 瑞典 | 搁浅 | 2012-11-29 | Grounding of TRANS AGILA in Kalmarsund, Sweden |
| SWEGQ2 | 瑞典 | 搁浅 | 2016-12-09 | Grounding of ASKO at Hassel by holme, Stockholm County, Sweden |
| SWEGQ3 | 瑞典 | 搁浅 | 2017-09-23 | Grounding of ATLANTIC outside of Oskarshamn, Kalmar County |
| SWEGQ4 | 瑞典 | 搁浅 | 2018-07-23 | Grounding of MAKASSAR HIGHWAY with subsequent oil spill off Vastervik, Kalmar County |
| AUSGQ1 | 澳大利亚 | 搁浅 | 2017-02-12 | Near grounding of Aquadiva |
| AUSGQ2 | 澳大利亚 | 搁浅 | 2015-02-28 | Grounding of MAERSK GARONNE |
| JPNGQ1 | 日本 | 搁浅 | 2019-06-22 | Grounding of cargo ship AZUL CHALLENGE |
| JPNGQ2 | 日本 | 搁浅 | 2017-02-11 | Grounding of oil tanker SAGAN |
| UKCP1 | 英国 | 触碰 | 2017-05-04 | Heavy contact with the quay and two shore cranes by the UK registered container ship CMA CGM CENTAURUS at Jebel Ali, United Arab Emirates |
| UKCP2 | 英国 | 触碰 | 2014-06-04 | MILLENNIUM DIAMOND contact with Tower Bridge, River Thames |
| UKZC1 | 英国 | 自沉 | 2016-01-21 | Foundering of fishing vessel MAJESTIC (LK678), 5 nautical miles off Yell, Shetland |

续上表

| 报告编号 | 国家 | 事故类型 | 事故日期 | 事故名称 |
|---|---|---|---|---|
| UKZC2 | 英国 | 自沉 | 2013-01-28 | Foundering of FV JCK with the loss of her skipper, Tor Bay |
| UKZC3 | 英国 | 自沉 | 2014-11-02 | Capsize and foundering of the fishing vessel OCEAN WAY FR349, 100 miles north-east of Tynemouth, resulting in three fatalities |
| UKZC4 | 英国 | 自沉 | 2013-04-25 | Foundering of the fishing vessel SPEEDWELL with the loss of her skipper, Firth of Lorn |
| UKZC5 | 英国 | 自沉 | 2011-11-27 | Structural failure and foundering of the general cargo ship SWANLAND, Irish Sea, with the loss of six crew |
| UKZC6 | 英国 | 自沉 | 2013-09-17 | Capsize and foundering of the beam trawler SALLY JANE, Christchurch Bay |
| UKZC7 | 英国 | 自沉 | 2012-05-17 | Report on the investigation of the foundering of the fishing vessel PURBECK ISLE, 9 miles south of Portland Bill, England, resulting in the loss of her three crew |
| UKZC8 | 英国 | 自沉 | 2015-07-09 | Capsize and foundering of the fishing vessel JMT (M99) resulting in two fatalities, 3.8 nautical miles off Rame Head, English Channel |
| UKZC9 | 英国 | 自沉 | 2017-09-26 | Capsize and foundering of the fishing vessel Solstice (PH199) resulting in one fatality, approximately 7 miles south of Plymouth, England |
| UKZC10 | 英国 | 自沉 | 2012-07-23 | Capsize while beam trawling BETTY, Gyme Bay |
| UKZC11 | 英国 | 自沉 | 2018-05-07 | Capsize of the fishing vessel LAURA JANE (SE80) with the loss of one life, Plymouth |
| UKZC12 | 英国 | 自沉 | 2016-09-20 | Capsize of tug Domingue while assisting CMA CGM SIMBA resulting in two fatalities, Tulear, Madagascar |
| UKZC13 | 英国 | 自沉 | 2016-04-06 | The flooding of fishing vessel FREDWOOD after taking the ground on a drying berth, Maryport, England |
| AUSHZ1 | 澳大利亚 | 火灾/爆炸 | 2017-12-11 | Fire on board BBC XINGANG, Newcastle, New South Wales |

续上表

| 报告编号 | 国家 | 事故类型 | 事故日期 | 事故名称 |
|---|---|---|---|---|
| JPNHZ1 | 日本 | 火灾/爆炸 | 2016-09-09 | Explosion of oil/ chemical tanker EIWA MARU 3 |
| JPNHZ2 | 日本 | 火灾/爆炸 | 2018-04-08 | Explosion of chemical tanker GOLLDEN SUNNY HANA |
| JPNHZ3 | 日本 | 火灾/爆炸 | 2017-04-24 | Fire on Cargo Ship TAI YUAN |
| USGQ1 | 美国 | 搁浅 | 2012-03-10 | Grounding and loss of the FV CHEVELLE |
| USGQ2 | 美国 | 搁浅 | 2013-03-21 | Grounding of commercial towing vessel JUSTICE |
| USGQ3 | 美国 | 搁浅 | 2013-11-25 | Grounding and sinking of towing vessel STEPHEN L. COLBY |
| USGQ4 | 美国 | 搁浅 | 2013-05-04 | Grounding and sinking of the harbor tug KALEEN MCALLISTER |
| USGQ5 | 美国 | 搁浅 | 2013-08-14 | Grounding and sinking of commercial fishing vessel PACIFIC QUEEN |
| USGQ6 | 美国 | 搁浅 | 2012-12-31 | Grounding of mobile offshore drilling unit KULLUK |
| USGQ7 | 美国 | 搁浅 | 2015-02-16 | Grounding of commercial fishing vessel SAVANNAH RAY |
| USGQ8 | 美国 | 搁浅 | 2014-12-05 | Grounding and sinking of commercial fishing vessel TITAN |
| USGQ9 | 美国 | 搁浅 | 2015-05-22 | Grounding of commercial fishing vessel SEA HAWK NO.68 |
| USGQ10 | 美国 | 搁浅 | 2015-12-19 | Grounding of fish-processing vessel GORDON JENSEN |
| USGQ11 | 美国 | 搁浅 | 2016-01-10 | Grounding of fishing vessel DAY ISLAND |
| USGQ12 | 美国 | 搁浅 | 2016-03-20 | Grounding of bulk carrier SPARNA |
| USGQ13 | 美国 | 搁浅 | 2016-05-27 | Grounding of freighter roger BLOUGH |
| USGQ14 | 美国 | 搁浅 | 2016-07-24 | Grounding and subsequent breakup of small passenger vessel SPIRIT OF KONA |
| USGQ15 | 美国 | 搁浅 | 2016-10-13 | Grounding of articulated tug and barge NATHAN E STEWART/DBL 55 |
| USGQ16 | 美国 | 搁浅 | 2016-11-19 | Grounding of bulk carrier NENITA |
| USGQ17 | 美国 | 搁浅 | 2017-05-06 | Grounding of fishing vessel ST. DOMINICK |

附录　海上事故基本信息

续上表

| 报告编号 | 国家 | 事故类型 | 事故日期 | 事故名称 |
|---|---|---|---|---|
| USGQ18 | 美国 | 搁浅 | 2017-10-13 | Grounding and sinking of fishing vessel SOUTHERN BELL |
| USGQ19 | 美国 | 搁浅 | 2017-07-08 | Grounding and sinking of towing vessel ERIC HANEY |
| USGQ20 | 美国 | 搁浅 | 2018-09-18 | Grounding and sinking of fishing vessel CAPT. M&M |
| USGQ21 | 美国 | 搁浅 | 2018-11-19 | Grounding of fishing vessel IMPERIAL |
| USGQ22 | 美国 | 搁浅 | 2019-03-09 | Grounding of fishing vessel FREYJA |
| USGQ23 | 美国 | 搁浅 | 2019-12-19 | Stranding and subsequent loss of the fishing vessel MISS ANNIE |
| USCP1 | 美国 | 触碰 | 2017-06-07 | Contact of crane barge TROY MCKINNEY with overhead power lines |
| USCP2 | 美国 | 触碰 | 2018-04-06 | Contact of bulk carrier SHANDONG FU EN with Ergon-St.James Terminal Wharf |
| USCP3 | 美国 | 触碰 | 2018-05-07 | Contact of towing vessel STEVE RICHOUX with Mardi Gras World pier |
| USCP4 | 美国 | 触碰 | 2018-08-28 | Contact of cruise ship CARNIVAL HORIZON with Manhattan Cruise Terminal Pier 90 |
| USCP5 | 美国 | 触碰 | 2018-12-30 | Contact of the cruise ship NIPPON MARU with mooring dolphins |
| USCP6 | 美国 | 触碰 | 2018-10-23 | Contact of the ANDREW CARGILL MACMILLAN tow with grain conveyor |
| USCP7 | 美国 | 触碰 | 2019-02-15 | Contact of BETTYE M. JENKINS tow with bunge grain facility |
| USCP8 | 美国 | 触碰 | 2019-02-11 | Contact of LINDBERG CROSBY tow with Interstate 10 Bridge |
| USCP9 | 美国 | 触碰 | 2019-02-12 | Contact of cruise ship NORWEGIAN EPIC with San Juan Cruise Port Pier 3 |
| USCP10 | 美国 | 触碰 | 2019-03-10 | Contact of towing vessel RIVERS WILSON and tow with Norfolk Southern Railway Bridge |
| USCP11 | 美国 | 触碰 | 2019-02-27 | Contact of CHAD PREGRACKE tow with Old Highway 80 Bridge |

续上表

| 报告编号 | 国家 | 事故类型 | 事故日期 | 事故名称 |
|---|---|---|---|---|
| USCP12 | 美国 | 触碰 | 2019-04-24 | Contact of towing vessel EDNA T. GATTLE and tow with Union Pacific Railway Bridge |
| USCP13 | 美国 | 触碰 | 2019-04-15 | Contact of towing vessel DEJEANNE MARIA with submerged dredge pipe |
| USCP14 | 美国 | 触碰 | 2018-12-18 | Contact of MARY LUCY LANE tow with Markland Locks and workboat GIBSON |
| USCP15 | 美国 | 触碰 | 2019-04-13 | Contact of DEWEY R tow with CSX Railroad Bridge protection cell |
| USCP16 | 美国 | 触碰 | 2019-06-16 | Contact of tanker DANK SILVER with Sunshine Bridge |
| USCP17 | 美国 | 触碰 | 2019-06-20 | Contact of crane barge U1510, pushed by towing vessel GOOSE CREEK, with overhead powerlines |
| USCP18 | 美国 | 触碰 | 2019-03-07 | Contact of LEVITICUS tow with Plaquemine Point shipyard |
| USCP19 | 美国 | 触碰 | 2019-05-23 | Barge breakaway and contact with Webbers Falls Dam |
| USCP20 | 美国 | 触碰 | 2018-10-21 | Contact of crane barge MR. ERVIN, pushed by towing vessel KRISTIN ALEXIS, with Sunshine Bridge |
| USCP21 | 美国 | 触碰 | 2019-11-17 | Contact of the barge YD 71 with the JAMES T. Wilson fishing pier |
| USCP22 | 美国 | 触碰 | 2019-09-23 | Contact of tugboat G. M. MCALLISTER with NGL Energy Partners Berth |
| USCP23 | 美国 | 触碰 | 2020-01-01 | Contact of WILLIAM C tow with Rock Island Railroad Bridge protection cell |
| USCP24 | 美国 | 触碰 | 2019-05-16 | Contact of tanker AMERICAN LIBERTY with multiple vessels |
| USCP25 | 美国 | 触碰 | 2019-12-15 | Contact of liquid petroleum gas carrier LEVANT with mooring dolphin |
| USCP26 | 美国 | 触碰 | 2020-03-15 | Contact of COOPERATIVE SPIRIT tow with Hale Boggs Memorial Bridge pier |

续上表

| 报告编号 | 国家 | 事故类型 | 事故日期 | 事故名称 |
|---|---|---|---|---|
| USCP27 | 美国 | 触碰 | 2019-09-08 | Contact of SAVAGE VOYAGER tow with Jamie Whitten Lock & Dam |
| USZC1 | 美国 | 自沉 | 2012-02-21 | Sinking of uninspected fishing vessel PLAN B in Gulf of Maine |
| USZC2 | 美国 | 自沉 | 2012-03-18 | Dockside capsizing and sinking of towing vessel INVADER and Dry Dock #3 |
| USZC3 | 美国 | 自沉 | 2013-05-30 | Sinking of offshore supply vessel RICKY B |
| USZC4 | 美国 | 自沉 | 2013-04-13 | Sinking of towing vessel DELTA CAPTAIN |
| USZC5 | 美国 | 自沉 | 2013-07-03 | Capsizing of towing vessel MEGAN MCB |
| USZC6 | 美国 | 自沉 | 2013-01-18 | Sinking of oceanographic research vessel SEAPROBE |
| USZC7 | 美国 | 自沉 | 2014-09-23 | Capsizing and sinking of the fishing vessel CHRISTOPHER'S JOY |
| USZC8 | 美国 | 自沉 | 2014-07-01 | Sinking of towing vessel JIM MARKO |
| USZC9 | 美国 | 自沉 | 2014-12-06 | Partial sinking of small passenger vessel SPIRIT OF ADVENTURE |
| USZC10 | 美国 | 自沉 | 2014-12-30 | Grounding and subsequent breakup of dive vessel KING NEPTUNE |
| USZC11 | 美国 | 自沉 | 2015-11-25 | Capsizing and sinking of fishing vessel HAWAII FIVE-1 |
| USZC12 | 美国 | 自沉 | 2015-06-10 | Sinking of fishing vessel KUPREANOF |
| USZC13 | 美国 | 自沉 | 2016-08-17 | Capsizing and sinking of fishing vessel LYDIA & MAYA |
| USZC14 | 美国 | 自沉 | 2016-07-11 | Sinking of fishing vessel CAPT. KEVIN |
| USZC15 | 美国 | 自沉 | 2016-10-28 | Flooding of towing vessel ATLANTIC RAIDER |
| USZC16 | 美国 | 自沉 | 2017-02-11 | Capsizing and sinking of fishing vessel DESTINATION |
| USZC17 | 美国 | 自沉 | 2017-08-23 | Capsizing and sinking of towing vessel GRACIE CLAIRE |
| USZC18 | 美国 | 自沉 | 2017-09-11 | Capsizing and sinking of fishing vessel LANGLEY DOUGLAS |

续上表

| 报告编号 | 国家 | 事故类型 | 事故日期 | 事故名称 |
|---|---|---|---|---|
| USZC19 | 美国 | 自沉 | 2017-12-08 | Capsizing and sinking of towing vessel RICKY ROBINSON |
| USZC20 | 美国 | 自沉 | 2018-03-06 | Flooding and sinking of towing vessel MS NANCY C |
| USZC21 | 美国 | 自沉 | 2018-11-24 | Flooding and sinking of fishing vessel AARON & MELISSA Ⅱ |
| USZC22 | 美国 | 自沉 | 2019-01-07 | Flooding and sinking of towing vessel TOM BUSSLER |
| USZC23 | 美国 | 自沉 | 2019-02-15 | Flooding and sinking of fishing vessel PACIFIC 1 |
| USZC24 | 美国 | 自沉 | 2019-08-15 | Flooding and sinking of towing vessel MANGILAO towed by CHAMORRO |
| USZC25 | 美国 | 自沉 | 2015-10-01 | Sinking of US cargo vessel SS EL FARO, Atlantic Ocean, Northeast of Acklins and Crooked Island, Bahamas |
| USZC26 | 美国 | 自沉 | 2018-07-19 | Sinking of amphibious passenger vessel STRETCH DUCK 7, Table Rock Lake, near Branson, Missouri |
| USHZ1 | 美国 | 火灾/爆炸 | 2012-02-07 | Fire on board passenger vessel MALASPINA |
| USHZ2 | 美国 | 火灾/爆炸 | 2012-05-10 | Engine room fire and eventual flooding and sinking of fishing vessel LUCKY DIAMOND |
| USHZ3 | 美国 | 火灾/爆炸 | 2012-03-10 | Fire aboard vehicle carrier MV ALLIANCE NORFOLK |
| USHZ4 | 美国 | 火灾/爆炸 | 2011-10-10 | Fire on board uninspected towing vessel IVORY COAST |
| USHZ5 | 美国 | 火灾/爆炸 | 2012-03-27 | Engine room fire on board towing vessel PATRICE MCALLISTER |
| USHZ6 | 美国 | 火灾/爆炸 | 2012-04-27 | Fire on board passenger vessel SAFARI SPIRIT |
| USHZ7 | 美国 | 火灾/爆炸 | 2012-01-16 | Fire on board and sinking of lifeboat MAKO |
| USHZ8 | 美国 | 火灾/爆炸 | 2012-06-09 | Engine room fire on board towing vessel MARGUERITE L. TERRAL |
| USHZ9 | 美国 | 火灾/爆炸 | 2013-05-20 | Engine room fire on board fishing vessel ARCTIC STORM |

附录 海上事故基本信息

续上表

| 报告编号 | 国家 | 事故类型 | 事故日期 | 事故名称 |
|---|---|---|---|---|
| USHZ10 | 美国 | 火灾/爆炸 | 2013-07-10 | Fire and explosions on board towing vessel SAFETY RUNNER and KIRBY BARGES 28182 and 28194 |
| USHZ11 | 美国 | 火灾/爆炸 | 2013-04-24 | Fire on board motor yacht OCEAN ALEXANDER 85E06 |
| USHZ12 | 美国 | 火灾/爆炸 | 2013-03-12 | Fire on board towing vessel SHANON E. SETTOON |
| USHZ13 | 美国 | 火灾/爆炸 | 2013-11-28 | Fire on board saturation diving support vessel OCEAN PATRIOT |
| USHZ14 | 美国 | 火灾/爆炸 | 2013-12-28 | Fire on board fish processing vessel JUNO |
| USHZ15 | 美国 | 火灾/爆炸 | 2014-07-06 | Engine room fire on board recreational vessel LA PIETRA, with subsequent sinking |
| USHZ16 | 美国 | 火灾/爆炸 | 2014-12-01 | Engine room fire on board commercial fishing vessel MISS EVA, with subsequent sinking |
| USHZ17 | 美国 | 火灾/爆炸 | 2015-04-21 | Fire on board fishing vessel NORTHERN PRIDE, with subsequent capsizing |
| USHZ18 | 美国 | 火灾/爆炸 | 2015-12-11 | Fire aboard freighter ALPENA |
| USHZ19 | 美国 | 火灾/爆炸 | 2015-12-08 | Fire aboard container ship GUNDE MAERSK |
| USHZ20 | 美国 | 火灾/爆炸 | 2016-02-16 | Fire aboard towing vessel SAN GABRIEL |
| USHZ21 | 美国 | 火灾/爆炸 | 2016-01-17 | Fire aboard commercial fishing vessel RAFFAELLO |
| USHZ22 | 美国 | 火灾/爆炸 | 2016-08-13 | Fire aboard towing vessel JAXON AARON |
| USHZ23 | 美国 | 火灾/爆炸 | 2015-09-07 | Engine room fire aboard cruise ship CARNIVAL LIBERTY |
| USHZ24 | 美国 | 火灾/爆炸 | 2015-06-02 | Fire aboard vehicle carrier COURAGE |
| USHZ25 | 美国 | 火灾/爆炸 | 2016-07-22 | Fire aboard towing vessel THOMAS DANN |
| USHZ26 | 美国 | 火灾/爆炸 | 2016-08-17 | Fire aboard roll-on/roll-off passenger vessel CARIBBEAN FANTASY, Atlantic Ocean, 2 miles northwest of San Juan, Puerto Rico |
| USHZ27 | 美国 | 火灾/爆炸 | 2016-02-10 | Fire aboard fishing vessel AMERICAN EAGLE |
| USHZ28 | 美国 | 火灾/爆炸 | 2016-08-16 | Fire aboard passenger vessel TAHOE QUEEN |
| USHZ29 | 美国 | 火灾/爆炸 | 2016-07-14 | Engine explosion and fire aboard towing vessel THE ADMIRAL |

续上表

| 报告编号 | 国家 | 事故类型 | 事故日期 | 事故名称 |
|---|---|---|---|---|
| USHZ30 | 美国 | 火灾/爆炸 | 2017-02-14 | Fire on board vehicle carrier HONOR |
| USHZ31 | 美国 | 火灾/爆炸 | 2017-01-16 | Fire aboard vehicle carrier ALLIANCE ST. LOUIS |
| USHZ32 | 美国 | 火灾/爆炸 | 2017-07-11 | Fire aboard sailing vessel BEST REVENGE 5 |
| USHZ33 | 美国 | 火灾/爆炸 | 2018-01-14 | Engine room fire aboard towing vessel GEORGE KING |
| USHZ34 | 美国 | 火灾/爆炸 | 2018-01-24 | Fire on board small passenger vessel ISLAND LADY, Pithlachascotee River near Port Richey, Florida |
| USHZ35 | 美国 | 火灾/爆炸 | 2017-12-13 | Engine room fire aboard towing vessel J. W. HERRON |
| USHZ36 | 美国 | 火灾/爆炸 | 2018-03-18 | Fire and sinking of fishing vessel OLE BETTS SEA |
| USHZ37 | 美国 | 火灾/爆炸 | 2018-05-20 | Engine room fire aboard fishing vessel CAPE COD |
| USHZ38 | 美国 | 火灾/爆炸 | 2017-10-20 | Explosion and fire aboard articulated tug and barge buster BOUCHARD/B.NO.255 |
| USHZ39 | 美国 | 火灾/爆炸 | 2018-05-23 | Fire aboard cargo ship CHIPOLBROK MOON |
| USHZ40 | 美国 | 火灾/爆炸 | 2018-02-21 | Engine room fire on board towing vessel LELAND SPEAKES |
| USHZ41 | 美国 | 火灾/爆炸 | 2018-08-24 | Fire and subsequent sinking of VESSEL HIT LIST |
| USHZ42 | 美国 | 火灾/爆炸 | 2018-07-28 | Fire aboard fish tender logger |
| USHZ43 | 美国 | 火灾/爆炸 | 2018-04-17 | Pipeline breach and subsequent fire aboard cutter suction dredge Jonathon King Boyd and towboat BAYOU CHEVRON |
| USHZ44 | 美国 | 火灾/爆炸 | 2018-08-31 | Fire aboard and subsequent sinking of fishing vessel MASTER D |
| USHZ45 | 美国 | 火灾/爆炸 | 2018-08-23 | Fire aboard fishing vessel ROSE MARIE |
| USHZ46 | 美国 | 火灾/爆炸 | 2018-09-12 | Engine room fire aboard towing vessel JACOB KYLE RUSTHOVEN |
| USHZ47 | 美国 | 火灾/爆炸 | 2018-12-05 | Fire and sinking of fishing vessel JEANETTE |
| USHZ48 | 美国 | 火灾/爆炸 | 2018-10-08 | Fire aboard offshore supply vessel GRAND SUN |
| USHZ49 | 美国 | 火灾/爆炸 | 2019-08-26 | Fire aboard and subsequent sinking of fishing vessel ARIEL |

续上表

| 报告编号 | 国家 | 事故类型 | 事故日期 | 事故名称 |
|---|---|---|---|---|
| USHZ50 | 美国 | 火灾/爆炸 | 2019-02-16 | Engine room fire aboard bulk carrier ST CLAIR |
| USHZ51 | 美国 | 火灾/爆炸 | 2019-07-07 | Explosion and subsequent sinking of barge ALAGANIK |
| USHZ52 | 美国 | 火灾/爆炸 | 2019-10-08 | Engine room fire on board towing vessel SUSAN LYNN |
| USHZ53 | 美国 | 火灾/爆炸 | 2019-09-02 | Fire aboard small passenger vessel CONCEPTION, Platts Harbor, Channel Islands National Park, Santa Cruz Island, 21.5 miles south-southwest of Santa Barbara, California |
| USHZ54 | 美国 | 火灾/爆炸 | 2020-02-16 | Engine room fire aboard towing vessel CITY OF CLEVELAND |

# 参 考 文 献

[1] 中华人民共和国交通运输部.2021年交通运输行业发展统计公报[A/OL].(2022-05-25)[2022-11-24] http://www.gov.cn/xinwen/2022-05-25/content_5692174.htm.

[2] IHS Markit.Sea-web$^{TM}$:The ultimate marine online database[A/OL].(2021-01-13)[2022-10-10].https://ihsmarkit.com/products/sea-web-maritime-reference.html.

[3] FU S,YU Y,CHEN J,et al.A framework for quantitative analysis of the causation of grounding accidents in arctic shipping[J].Reliability Engineering & System Safety,2022,226:108706.

[4] WANG H,LIU Z,LIU Z,et al.GIS-based analysis on the spatial patterns of global maritime accidents[J].Ocean Engineering,2022,245:110569.

[5] SUI Z,WEN Y,HUANG Y,et al.Maritime accidents in the Yangtze River:A time series analysis for 2011—2020[J].Accident Analysis & Prevention,2022,180:106901.

[6] 曹庆仁,李凯,李静林.管理者行为对矿工不安全行为的影响关系研究[J].管理科学,2011,24:69-78.

[7] 王琦玮,梅强,刘素霞,等.基于员工安全行为视角的企业安全生产影响元分析[J].管理评论,2020,32:226-237.

[8] QIAO W,LIU Y,MA X,et al.Human factors analysis for maritime accidents based on a dynamic fuzzy Bayesian network[J].Risk Analysis,2020,40(5):957-980.

[9] WRÓBEL K.Searching for the origins of the myth:80% human error impact on maritime safety[J].Reliability Engineering & System Safety,2021,216:107942.

[10] ADUMENE S, AFENYO M, SALEHI V, et al. An adaptive model for human factors assessment in maritime operations[J]. International Journal of Industrial Ergonomics, 2022, 89: 103293.

[11] IMO. Amendments to the code for the investigation of marine casualties and incidents: Res.A.849(20)[Z]. London, UK: IMO, 1999.

[12] MA L, MA X, LAN H, et al. A data-driven method for modeling human factors in maritime accidents by integrating DEMATEL and FCM based on HFACS: A case of ship collisions[J]. Ocean Engineering, 2022, 266: 112699.

[13] FU S, GOERLANDT F, XI Y. Arctic shipping risk management: A bibliometric analysis and a systematic review of risk influencing factors of navigational accidents[J]. Safety Science, 2021, 139: 105254.

[14] WANG Z, YIN J. Risk assessment of inland waterborne transportation using data mining[J]. Maritime Policy & Management, 2020, 47(5): 633-648.

[15] MA X, LAN H, QIAO W, et al. On the causation correlation of maritime accidents based on data mining techniques[J]. Proceedings of the Institution of Mechanical Engineers, Part O: Journal of Risk and Reliability, 2022: 1-15.

[16] 胡甚平, 焦喜鑫, 张欣欣, 等. 复杂性系统视角下船员不安全行为功能共振分析模型[J]. 安全与环境学报, 2022, 23(4): 1-8.

[17] 关腾飞. 关于船员不安全行为的探讨[J]. 水运安全, 2008(9): 32-33.

[18] 刘正江. 船舶避碰过程中的人的可靠性分析[D]. 大连: 大连海事大学, 2004.

[19] HEINRICH H W, PETERSEN D, ROOS N. Industrial accident prevention: A safety management approach[M]. New York: McGraw-Hill, 1980.

[20] PETER G. Human error: analysis and control[J]. Journal of the ASSE, 1966, 11(1): 1-70.

[21] RIGBY L. The nature of human error[C]//American Society of Quality Control. Monograph of Annual Technical Conference Transactions of the ASQC, 1970, Milwaukee.

[22] RASMUSSEN J. The definition of human error and a taxonomy for technical change[M]. London: Clarendon Press, 1987.

[23] LANDSBURG A C, FERGUSON S J, PILLSBURY C, et al. Accident causation-

based human factors taxonomy[J].BIMCO Bulletin,1999,94(1):20-25.

[24] 国家标准局.企业职工伤亡事故分类标准:GB 6441—1986:[S].北京:中国标准出版社,1986.

[25] 梁振东.煤矿员工不安全行为影响因素及其干预研究[D].北京:中国矿业大学,2012.

[26] 陈红,祁慧,谭慧.基于特征源与环境特征的中国煤矿重大事故研究[J].中国安全科学学报,2005,15(9):33-38.

[27] 刘轶松.安全管理中人的不安全行为的探讨[J].西部探矿工程,2005,17(6):226-228.

[28] 周刚,程卫民,诸葛福民,等.人因失误与人不安全行为相关原理的分析与探讨[J].中国安全科学学报,2008,18(3):10-14.

[29] REASON J T.Human error[M].Cambridge:Cambridge University Press,1990.

[30] CHEN S-T, WALL A, DAVIES P, et al. A human and organisational factors (HOFs) analysis method for marine casualties using HFACS-Maritime Accidents(HFACS-MA)[J].Safety Science,2013,60:105-114.

[31] WIEGMANN D A, SHAPPELL S A. Human error analysis of commercial aviation accidents:Application of the human factors analysis and classification system(HFACS)[J].Aviation Space and Environmental Medicine,2003,72:1006-1016.

[32] UĞURLU Ö, YILDIZ S, LOUGHNEY S, et al. Modified human factor analysis and classification system for passenger vessel accidents (HFACS-PV)[J]. Ocean Engineering,2018,161:47-61.

[33] CELIK M, CEBI S.Analytical HFACS for investigating human errors in shipping accidents[J].Accident Analysis & Prevention,2009,41(1):66-75.

[34] CHAUVIN C, LARDJANE S, MOREL G, et al. Human and organisational factors in maritime accidents: Analysis of collisions at sea using the HFACS[J]. Accident Analysis & Prevention,2013,59:26-37.

[35] YILDIRIM U, BAŞAR E, UĞURLU Ö. Assessment of collisions and grounding accidents with human factors analysis and classification system(HFACS) and

statistical methods[J].Safety Science,2019,119:412-425.

[36] HOLLNAGEL E. Cognitive reliability and error analysis method (CREAM) [M].Oxford:Elsevier Science,1998.

[37] SHORROCK S,KIRWAN B.Development and application of a human error identification tool for air traffic control[J].Applied Ergonomics,2002,33(4):319-336.

[38] WILLIAMS J C.A data-based method for assessing and reducing human error to improve operational performance [C]//Proceedings of the IEEE Fourth Conference on Human Factors and Power Plants,Monterey California,1988.

[39] WU B,YIP T L,YAN X,et al.Review of techniques and challenges of human and organizational factors analysis in maritime transportation[J].Reliability Engineering & System Safety,2022,219:108249.

[40] ANTAO P,GUEDES S C.Organisation of databases of accident data[M]. Southampton,UK:WitPress,2002.

[41] MA L,MA X,LAN H,et al. A methodology to assess the interrelationships between contributory factors to maritime transport accidents of dangerous goods in China[J].Ocean Engineering,2022,266:112769.

[42] ZHANG M,ZHANG D,GOERLANDT F,et al. Use of HFACS and fault tree model for collision risk factors analysis of icebreaker assistance in ice-covered waters[J].Safety Science,2019,111:128-143.

[43] GRAZIANO A,TEIXEIRA A P,GUEDES S C.Classification of human errors in grounding and collision accidents using the TRACEr taxonomy [J]. Safety Science,2016,86:245-257.

[44] SOTIRALIS P,VENTIKOS N P,HAMANN R,et al.Incorporation of human factors into ship collision risk models focusing on human centred design aspects [J].Reliability Engineering & System Safety,2016,156:210-227.

[45] MACRAE C.Human factors at sea:Common patterns of error in groundings and collisions[J].Maritime Policy & Management,2009,36(1):21-38.

[46] MA X,DENG W,QIAO W,et al.A methodology to quantify the risk propagation of hazardous events for ship grounding accidents based on directed CN[J].

Reliability Engineering & System Safety,2022,221:108334.

[47] ANTAO P,SOARES C G.Analysis of the influence of human errors on the occurrence of coastal ship accidents in different wave conditions using Bayesian Belief Networks[J].Accident Analysis & Prevention,2019,133:105262.

[48] BALMAT J-F,LAFONT F,MAIFRET R,et al.MAritime RISk Assessment (MARISA),a fuzzy approach to define an individual ship risk factor[J].Ocean Engineering,2009,36(15-16):1278-1286.

[49] LI K X,YIN J,FAN L.Ship safety index[J].Transportation Research Part A: Policy and Practice,2014,66:75-87.

[50] REZAEE S,PELOT R,GHASEMI A.The effect of extreme weather conditions on commercial fishing activities and vessel incidents in Atlantic Canada[J].Ocean & Coastal Management,2016,130:115-127.

[51] BYE R J,AALBERG A L.Maritime navigation accidents and risk indicators:An exploratory statistical analysis using AIS data and accident reports[J]. Reliability Engineering & System Safety,2018,176:174-186.

[52] KURT R E,KHALID H,TURAN O,et al.Towards human-oriented norms: Considering the effects of noise exposure on board ships[J].Ocean Engineering, 2016,120:101-107.

[53] FAN S,ZHANG J,BLANCO-DAVIS E,et al.Effects of seafarers' emotion on human performance using bridge simulation[J].Ocean Engineering,2018,170: 111-119.

[54] MONTEWKA J,GOERLANDT F,INNES-JONES G,et al.Enhancing human performance in ship operations by modifying global design factors at the design stage[J].Reliability Engineering & System Safety,2017,159:283-300.

[55] LU C-S,TSAI C-L.The effect of safety climate on seafarers' safety behaviors in container shipping[J].Accident Analysis & Prevention,2010,42(6): 1999-2006.

[56] AKHTAR M J,UTNE I B.Common patterns in aggregated accident analysis charts from human fatigue-related groundings and collisions at sea[J].Maritime Policy & Management,2014,42(2):186-206.

[57] POUSETTE A, LARSSON S, TÖRNER M. Safety climate cross—validation, strength and prediction of safety behaviour[J]. Safety Science, 2008, 46(3): 398-404.

[58] ANDREI D M, GRIFFIN M A, GRECH M, et al. How demands and resources impact chronic fatigue in the maritime industry: The mediating effect of acute fatigue, sleep quality and recovery[J]. Safety Science, 2020, 121: 362-372.

[59] AKHTAR M J, UTNE I B. Human fatigue's effect on the risk of maritime groundings—A Bayesian network modeling approach[J]. Safety Science, 2014, 62: 427-440.

[60] HETHERINGTON C, FLIN R, MEARNS K. Safety in shipping: The human element[J]. Journal of Safety Research, 2006, 37(4): 401-411.

[61] SATREVIK B, HYSTAD S W. Situation awareness as a determinant for unsafe actions and subjective risk assessment on offshore attendant vessels[J]. Safety Science, 2017, 93: 214-221.

[62] BAL E, ARSLAN O, TAVACIOGLU L. Prioritization of the causal factors of fatigue in seafarers and measurement of fatigue with the application of the Lactate Test[J]. Safety Science, 2015, 72: 46-54.

[63] SNEDDON A, MEARNS K, FLIN R. Stress, fatigue, situation awareness and safety in offshore drilling crews[J]. Safety Science, 2013, 56: 80-88.

[64] SHARMA A, NAZIR S, ERNSTSEN J. Situation awareness information requirements for maritime navigation: A goal directed task analysis[J]. Safety Science, 2019, 120: 745-752.

[65] ZHANG X, CHEN W, XI Y, et al. Dynamics simulation of the risk coupling effect between maritime pilotage human factors under the HFACS framework[J]. Journal of Marine Science and Engineering, 2020, 8(2): 144.

[66] CHAUVIN C, CLOSTERMANN J-P, HOC J-M. Impact of training programs on decision-making and situation awareness of trainee watch officers[J]. Safety Science, 2009, 47(9): 1222-1231.

[67] ENDRINA N, RASERO J C, KONOVESSIS D. Risk analysis for RoPax vessels: A case of study for the Strait of Gibraltar[J]. Ocean Engineering, 2018, 151:

141-151.

[68] UĞURLU Ö, KÖSE E, YILDIRIM U, et al. Marine accident analysis for collision and grounding in oil tanker using FTA method[J]. Maritime Policy & Management, 2015, 42(2): 163-185.

[69] ÖZAYDIN E, FİŞKIN R, UĞURLU Ö, et al. A hybrid model for marine accident analysis based on Bayesian Network(BN) and Association Rule Mining(ARM)[J]. Ocean Engineering, 2022, 247: 110705.

[70] LIU K, YU Q, YUAN Z, et al. A systematic analysis for maritime accidents causation in Chinese coastal waters using machine learning approaches[J]. Ocean & Coastal Management, 2021, 213: 105859.

[71] TRUCCO P, CAGNO E, RUGGERI F, et al. A Bayesian belief network modelling of organisational factors in risk analysis: A case study in maritime transportation[J]. Reliability Engineering & System Safety, 2008, 93(6): 845-856.

[72] UNG S-T. A weighted CREAM model for maritime human reliability analysis[J]. Safety Science, 2015, 72: 144-152.

[73] DEACON T, AMYOTTE P R, KHAN F I, et al. A framework for human error analysis of offshore evacuations[J]. Safety Science, 2013, 51(1): 319-327.

[74] ZHOU T, WU C, ZHANG J, et al. Incorporating CREAM and MCS into fault tree analysis of LNG carrier spill accidents[J]. Safety Science, 2017, 96: 183-191.

[75] LIU J, XU Y, WANG L. Fault information mining with causal network for railway transportation system[J]. Reliability Engineering & System Safety, 2022, 220: 108281.

[76] HUANG W, KOU X, ZHANG Y, et al. Operational failure analysis of high-speed electric multiple units: A Bayesian network-K2 algorithm-expectation maximization approach[J]. Reliability Engineering & System Safety, 2021, 205: 107250.

[77] QIAO W. Analysis and measurement of multifactor risk in underground coal mine accidents based on coupling theory[J]. Reliability Engineering & System Safety, 2021, 208: 107433.

[78] LAI E,ZHAO J,LI X,et al.Dynamic responses and damage of storage tanks under the coupling effect of blast wave and fragment impact[J].Journal of Loss Prevention in the Process Industries,2021,73:104617.

[79] LAM C Y,TAI K.Network topological approach to modeling accident causations and characteristics: Analysis of railway incidents in Japan[J].Reliability Engineering & System Safety,2020,193:106626.

[80] MI J,LU N,LI Y-F,et al.An evidential network-based hierarchical method for system reliability analysis with common cause failures and mixed uncertainties [J].Reliability Engineering & System Safety,2022,220:108295.

[81] SINGH K,MAITI J.A novel data mining approach for analysis of accident paths and performance assessment of risk control systems[J].Reliability Engineering & System Safety,2020,202:107041.

[82] DING L,KHAN F,JI J.A novel approach for domino effects modeling and risk analysis based on synergistic effect and accident evidence[J].Reliability Engineering & System Safety,2020,203:107109.

[83] WU Y,CHEN Z,ZHAO X,et al.Propagation model of cascading failure based on discrete dynamical system[J].Reliability Engineering & System Safety,2021,209:107424.

[84] WANG Q,JIA G,JIA Y,et al.A new approach for risk assessment of failure modes considering risk interaction and propagation effects[J].Reliability Engineering & System Safety,2021,216:108044.

[85] 周骐,李仲飞,曾燕.复杂网络视角下行业风险传染与银行信贷配置[J].管理科学学报,2022,25:24-46.

[86] 何汉,李思呈.基于有向复杂网络的担保圈违约风险传染建模研究[J].中国管理科学,2022:1-13.

[87] ZHOU Y,LI C,DING L,et al.Combining association rules mining with complex networks to monitor coupled risks[J].Reliability Engineering & System Safety,2019,186:194-208.

[88] GUO S,ZHOU X,TANG B,et al.Exploring the behavioral risk chains of accidents using complex network theory in the construction industry[J].Physica

A:Statistical Mechanics and Its Applications,2020,560:125012.

［89］ LAN H, MA X, QIAO W, et al. Determining the critical risk factors for predicting the severity of ship collision accidents using a data-driven approach [J].Reliability Engineering & System Safety,2023,230:108934.

［90］ MA X, DENG W, QIAO W, et al. A novel methodology concentrating on risk propagation to conduct a risk analysis based on a directed complex network [J].Risk Analysis,2022,42(12):2800-2822.

［91］ HALLOWELL M R, ALEXANDER D, GAMBATESE J A.Energy-based safety risk assessment:Does magnitude and intensity of energy predict injury severity? [J].Construction Management and Economics,2017,35(1-2):64-77.

［92］ SARKAR S, PRAMANIK A, MAITI J, et al. Predicting and analyzing injury severity:A machine learning-based approach using class-imbalanced proactive and reactive data[J].Safety Science,2020,125:104616.

［93］ TERTI G, RUIN I, GOURLEY J J, et al.Toward probabilistic prediction of flash flood human impacts[J].Risk Analysis,2019,39:140-161.

［94］ YANG Z, ZHANG W, FENG J. Predicting multiple types of traffic accident severity with explanations:A multi-task deep learning framework [J]. Safety Science,2022,146:105522.

［95］ MA Z, MEI G, CUOMO S. An analytic framework using deep learning for prediction of traffic accident injury severity based on contributing factors [J].Accident Analysis & Prevention,2021,160:106322.

［96］ SARKAR S, VINAY S, RAJ R, et al.Application of optimized machine learning techniques for prediction of occupational accidents[J].Computers & Operations Research,2019,106:210-224.

［97］ ZHANG X, MAHADEVAN S.Ensemble machine learning models for aviation incident risk prediction[J].Decision Support Systems,2019,116:48-63.

［98］ LI X, LIU Y, FAN L, et al. Research on the prediction of dangerous goods accidents during highway transportation based on the ARMA model[J].Journal of Loss Prevention in the Process Industries,2021,72:104583.

［99］ KUMAR M B, DEBASISH J, NIVA M, et al.Machine learning based accident prediction in secure IoT enable transportation system[J].Journal of Intelligent and Fuzzy Systems,2022,42:713-725.

[100] LI L, SHENG X, DU B, et al. A deep fusion model based on restricted Boltzmann machines for traffic accident duration prediction[J].Engineering Applications of Artificial Intelligence,2020,93:103686.

[101] MILLER T. Explanation in artificial intelligence: Insights from the social sciences[J].Artificial Intelligence,2019,267:1-38.

[102] ZHU R,HU X,HOU J,et al.Application of machine learning techniques for predicting the consequences of construction accidents in China[J].Process Safety and Environmental Protection,2021,145:293-302.

[103] XU R,LUO F.Risk prediction and early warning for air traffic controllers' unsafe acts using association rule mining and random forest[J].Safety Science,2021,135:105125.

[104] WEN X,XIE Y,JIANG L,et al.On the interpretability of machine learning methods in crash frequency modeling and crash modification factor development [J].Accident Analysis & Prevention,2022,168:106617.

[105] KIM Y, KIM Y. Explainable heat-related mortality with random forest and SHapley Additive exPlanations(SHAP) models[J]. Sustainable Cities and Society,2022,79:103677.

[106] YANG C, CHEN M, YUAN Q. The application of XGBoost and SHAP to examining the factors in freight truck-related crashes: An exploratory analysis [J].Accident Analysis & Prevention,2021,158:106153.

[107] DU L, GOERLANDT F, KUJALA P. Review and analysis of methods for assessing maritime waterway risk based on non-accident critical events detected from AIS data[J].Reliability Engineering & System Safety,2020, 200:106933.

[108] MURRAY B,PERERA L P.Ship behavior prediction via trajectory extraction-based clustering for maritime situation awareness[J].Journal of Ocean Engineering and Science,2022,7(1):1-13.

[109] RAWSON A,BRITO M,SABEUR Z,et al.A machine learning approach for

monitoring ship safety in extreme weather events[J].Safety Science,2021, 141:105336.

[110] KIM K I,LEE K M.Context-aware information provisioning for vessel traffic service using rule-based and deep learning techniques[J]. International Journal of Fuzzy Logic and Intelligent Systems,2018,18:13-19.

[111] ZHANG C,BIN J,WANG W,et al.AIS data driven general vessel destination prediction:A random forest based approach[J].Transportation Research Part C:Emerging Technologies,2020,118:102729.

[112] YANG Y,SHAO Z,HU Y,et al. Geographical spatial analysis and risk prediction based on machine learning for maritime traffic accidents:A case study of Fujian sea area[J].Ocean Engineering,2022,266:113106.

[113] 中华人民共和国交通运输部.水上交通事故统计办法[A/OL].(2021-09-01)[2022-11-24].http://www.gov.cn/zhengce/2021-09/01/content_5711528.htm.

[114] IMO.Casualty-related matters reports on marine casualties and incidents:MSC-MEPC.3/Circ.4/Rev.1 44[R].London:IMO,2014:1-5.

[115] WANG H,LIU Z,WANG X,et al.An analysis of factors affecting the severity of marine accidents[J].Reliability Engineering & System Safety,2021, 210:107513.

[116] GREENWOOD M,WOODS H M.The incidence of industrial accidents upon individuals with special reference to multiple accidents[J].Industrial Fatigue Research Board,1919:384-389.

[117] BIRD F E.Mangement guide to loss control[M].[S.L.]:International Loss Control Institute,1974.

[118] ADAMS J.Risk and freedom:The record of road safety regulation[M].Brefi Press,1985.

[119] 赵立祥,刘婷婷.事故因果连锁理论评析[J].经济论坛,2009,456(8):96-97.

[120] GIBSON J J.The contribution of experimental psychology to the formulation of the problems of safety:A brief for basic research[J].Behavioral Approaches to Accident Research,1961,1:77-89.

[121] 杨守国,姚亚金,庞拾亿,等.基于轨迹交叉理论的煤矿事故分析[J].煤炭工程,2019,51(5):177-180.

[122] BENNER L.Safety, risk and regulation[C]//Transportation Research Forum Proceedings.Chicago:1972.

[123] HOLLNAGEL E.Safety-II in practice:developing the resilience potentials[M].London:Routledge,2017.

[124] CHU D,STRAND R,FJELLAND R.Essays commentaries:theories of complexity[J].Complexity,2003,8:19-30.

[125] 方永恒.产业集群系统演化研究[D].西安:西安建筑科技大学,2011.

[126] 王欣欣.基于复杂系统理论的文化产业集群演化动力研究[D].西安:西安建筑科技大学,2016.

[127] 戴汝为.复杂巨系统科学——一门21世纪的科学[J].自然杂志,1997,19:187-192.

[128] GALLAGHER R,APPENZELLER T.Complex systems:Beyond reductionism[J].Science,1999,284(5411):79.

[129] KOCH C,LAURENT G.Complexity and the nervous system[J].Science,1999,284:96-98.

[130] SCOTT M P.Development:The natural history of genes[J].Cell,2000,100:27-40.

[131] 姜璐,谷可.从复杂性研究看非线性科学与系统科学[M].上海:上海科技教育出版社,2001.

[132] 颜泽贤.复杂系统演化[M].北京:人民出版社,1993.

[133] 陈晓红,唐立新,余玉刚,等.全球变局下的风险管理研究[J].管理科学学报,2021,24:115-124.

[134] DELVOSALLE C,FIEVEZ C,PIPART A,et al.ARAMIS project:A comprehensive methodology for the identification of reference accident scenarios in process industries[J].Journal of Hazardous Materials,2006,130(3):200-219.

[135] 于帅.基于气象条件与交通流交互作用的高速公路事故风险分析及预测[D].北京:北京交通大学,2020.

[136] XU R,LUO F,CHEN G,et al.Application of HFACS and grounded theory for

identifying risk factors of air traffic controllers' unsafe acts[J]. International Journal of Industrial Ergonomics,2021,86:103228.

[137] STRAUSS A L,CORBIN J M.Basics of qualitative research:Techniques and procedures for developing grounded theory[J]. Thousand Oaks Ca Sage Tashakkori A & Teddlie C,2014,36(100):129.

[138] 孙继伟,李晓琳,王轶群.企业危机管理中自媒体舆论引导策略的探索性研究[J].管理科学,2020,33:101-115.

[139] WILLIAMS K,KING J,FOX J R E.Sense of self and anorexia nervosa:A grounded theory[J]. Psychology and Psychotherapy:Theory, Research and Practice,2016,89(2):211-228.

[140] 邓渠成,尹娟,许桂苹.核电项目社会稳定风险评估[J].广西科学,2016,23:555-562.

[141] 朱志权,陈倩.我国核电产业发展面临的机遇、风险及其对策[J].东华理工大学学报(社会科学版),2017,36:318-321.

[142] YARAGHI N,LANGHE R G.Critical success factors for risk management systems[J].Journal of Risk Research,2011,14(5-6):551-581.

[143] DARAMOLA A Y. An investigation of air accidents in Nigeria using the Human Factors Analysis and Classification System (HFACS) framework[J].Journal of Air Transport Management,2014,35:39-50.

[144] LIU R,CHENG W,YU Y,et al.Human factors analysis of major coal mine accidents in China based on the HFACS-CM model and AHP method[J]. International Journal of Industrial Ergonomics,2018,68:270-279.

[145] XIA N,ZOU P X W,LIU X,et al.A hybrid BN-HFACS model for predicting safety performance in construction projects[J].Safety Science, 2018, 101:332-343.

[146] XU C,BAO J,WANG C,et al.Association rule analysis of factors contributing to extraordinarily severe traffic crashes in China[J].Journal of Safety Research,2018,67:65-75.

[147] LAN H,MA X,MA L,et al. Pattern investigation of total loss maritime accidents based on association rule mining[J]. Reliability Engineering &

System Safety,2023,229:108893.

[148] CHEN D,PEI Y,XIA Q.Research on human factors cause chain of ship accidents based on multidimensional association rules[J].Ocean Engineering, 2020,218:107717.

[149] JIA X,ZHANG D.Prediction of maritime logistics service risks applying soft set based association rule:An early warning model[J].Reliability Engineering & System Safety,2021,207:107339.

[150] DAS S,DUTTA A,JALAYER M,et al.Factors influencing the patterns of wrong-way driving crashes on freeway exit ramps and median crossovers: Exploration using 'Eclat' association rules to promote safety[J].International Journal of Transportation Science and Technology,2018,7(2):114-123.

[151] CHENG Y,YU W,LI Q.GA-based multi-level association rule mining approach for defect analysis in the construction industry[J].Automation in Construction,2015,51:78-91.

[152] QIAO W,LIU Q,LI X,et al.Using data mining techniques to analyze the influencing factor of unsafe behaviors in Chinese underground coal mines [J].Resources Policy,2018,59:210-216.

[153] TELIKANI A,GANDOMI A H,SHAHBAHRAMI A.A survey of evolutionary computation for association rule mining[J].Information Sciences,2020,524: 318-352.

[154] HONG J,TAMAKLOE R,PARK D.Application of association rules mining algorithm for hazardous materials transportation crashes on expressway[J]. Accident Analysis & Prevention,2020,142:105497.

[155] LIU Y,HU X,LUO X,et al.Identifying the most significant input parameters for predicting district heating load using an association rule algorithm[J]. Journal of Cleaner Production,2020,275:122984.

[156] BERNUS P,MERTINS K,SCHMIDT G.Handbook on architectures of information systems[M].Berlin:Springer,1998.

[157] FAN S,BLANCOD E,YANG Z,et al.Incorporation of human factors into maritime accident analysis using a data-driven Bayesian network[J].

Reliability Engineering & System Safety,2020,203:107070.

[158] YILDIZ S, UĞURLU Ö, WANG J, et al. Application of the HFACS-PV approach for identification of human and organizational factors (HOFs) influencing marine accidents[J]. Reliability Engineering & System Safety, 2021,208:107395.

[159] AUSTIN L C, KOVACS D C, THORNE S, et al. Using grounded theory and mental modeling to understand influences on electricians' safety decisions: Toward an integrated theory of why electricians work energized[J]. Safety Science,2020,130:104826.

[160] WENG J, ZHU J Z, YAN X, et al. Investigation of work zone crash casualty patterns using association rules[J]. Accident Analysis & Prevention, 2016, 92:43-52.

[161] FANG C, MARLE F, ZIO E, et al. Network theory-based analysis of risk interactions in large engineering projects[J]. Reliability Engineering & System Safety,2012,106:1-10.

[162] GRANOVETTER M S. The strength of weak ties[J]. American Journal of Sociology,1973,78(6):1360-1380.

[163] SERRANO M Á, BOGUNA M. Clustering in complex networks: I. General formalism[J]. Physical Review E,1996,74(5):056114.

[164] YU X, CHEN Z, LIU F, et al. How urban metro networks grow: From a complex network perspective[J]. Tunnelling and Underground Space Technology, 2023,131:104841.

[165] BARRAT A, BARTHELEMY M, PASTOR-SATORRAS R, et al. The architecture of complex weighted networks[J]. Proceedings of the National Academy Sciences of the United States of America,2004,101(11):3747-3752.

[166] GARAS A, SCHWEITZER F, HAVLIN S. A k-shell decomposition method for weighted networks[J]. New Journal of Physics,2012,14(8):083030.

[167] LUO S, WU X, KAO B. Distributed PageRank computation with improved round complexities[J]. Information Sciences,2022,607:109-125.

[168] WANG P, GUO Y, XU Z, et al. A novel approach of full state tendency

measurement for complex systems based on information causality and PageRank:A case study of a hydropower generation system[J].Mechanical Systems and Signal Processing,2023,187:109956.

[169] ZHANG P, WANG T, YAN J. PageRank centrality and algorithms for weighted, directed networks[J]. Physica A: Statistical Mechanics and Its Applications,2022,586:126438.

[170] LUO M,XU Y.Community detection via network node vector label propagation [J].Physica A:Statistical Mechanics and Its Applications,2022,593:126931.

[171] 吴俊杰,郑凌方,杜文宇,等.从风险预测到风险溯源:大数据赋能城市安全管理的行动设计研究[J].管理世界,2020,36:189-202.

[172] SAHU S, RANI T S. A neighbour-similarity based community discovery algorithm[J].Expert Systems with Applications,2022,206:117822.

[173] PONS P,LATAPY M.Computing communities in large networks using random walks[M].Berlin:Springer,2005.

[174] YANG Z, ALGESHEIMER R, TESSONE C J. A comparative analysis of community detection algorithms on artificial networks[J].Scientific Reports, 2016,6(1):30750.

[175] CLAUSET A,NEWMAN M E J,MOORE C.Finding community structure in very large networks[J].Physical Review E,2004,70(6):066111.

[176] WENG J, LI G. Exploring shipping accident contributory factors using association rules[J]. Journal of Transportation Safety & Security, 2017, 11 (1):36-57.

[177] BEKTAS J.EKSL:An effective novel dynamic ensemble model for unbalanced datasets based on LR and SVM hyperplane-distances[J]. Information Sciences,2022,597:182-192.

[178] XU T,COCO G,NEALE M.A predictive model of recreational water quality based on adaptive synthetic sampling algorithms and machine learning[J]. Water Research,2020,177:115788.

[179] KAISAR S, CHOWDHURY A.Integrating oversampling and ensemble-based machine learning techniques for an imbalanced dataset in dyslexia screening

tests[J].ICT Express,2022,8:563-568.

[180] LV H,YAN K,GUO Y,et al.AMPpred-EL:An effective antimicrobial peptide prediction model based on ensemble learning[J].Computers in Biology and Medicine,2022,146:105577.

[181] SUN J,WU S,ZHANG H,et al.Based on multi-algorithm hybrid method to predict the slope safety factor—stacking ensemble learning with bayesian optimization[J].Journal of Computational Science,2022,59:101587.

[182] ZHANG H,WU S,ZHANG X,et al.Slope stability prediction method based on the margin distance minimization selective ensemble[J].Catena,2022,212:106055.

[183] ZHOU Z H,WU J,TANG W.Ensembling neural networks:Many could be better than all[J].Artifcial Intelligence,2002,137(1-2):239-263.

[184] GOH Y M,UBEYNARAYANA C U,WONG K L X,et al.Factors influencing unsafe behaviors:A supervised learning approach[J].Accident Analysis & Prevention,2018,118:77-85.

[185] BHATTACHARJEE P,DEY V,MANDAL U K,et al.Quantitative risk assessment of submersible pump components using interval number-based multinomial logistic regression model[J].Reliability Engineering & System Safety,2022,226:108703.

[186] WANG Z,WEN H,SU Y,et al.Insights into ensemble learning-based data-driven model for safety-related property of chemical substances[J].Chemical Engineering Science,2022,248:117219.

[187] KOC K,EKMEKCIOĞLU Ö,GURGUN A P.Integrating feature engineering, genetic algorithm and tree-based machine learning methods to predict the post-accident disability status of construction workers[J].Automation in Construction, 2021,131:103896.

[188] EKANAYAKE I U,MEDDAGE D P P,RATHNAYAKE U.A novel approach to explain the black-box nature of machine learning in compressive strength predictions of concrete using Shapley additive explanations(SHAP)[J].Case Studies in Construction Materials,2022,16:e01059.